新思想研究丛书

刘元春 主编

扎实推进共同富裕

Making Solid Advances toward Common Prosperity

严金强 著

上海财经大学出版社
SHANGHAI UNIVERSITY OF FINANCE & ECONOMICS PRESS

上海学术·经济学出版中心

图书在版编目(CIP)数据

扎实推进共同富裕 / 严金强著. -- 上海：上海财经大学出版社, 2025.2. -- (新思想研究丛书).
ISBN 978-7-5642-4516-0
Ⅰ.F124.7
中国国家版本馆 CIP 数据核字第 20254LR235 号

上海财经大学中央高校双一流引导专项资金、中央高校基本科研业务费资助

本书系上海财经大学习近平经济思想研究系列著作重大课题研究成果

□ 责任编辑　施春杰
□ 封面设计　贺加贝

扎实推进共同富裕

严金强　著

上海财经大学出版社出版发行
(上海市中山北一路 369 号　邮编 200083)
网　　址：http://www.sufep.com
电子邮箱：webmaster@sufep.com
全国新华书店经销
上海华业装潢印刷厂有限公司印刷装订
2025 年 2 月第 1 版　2025 年 6 月第 2 次印刷

787mm×1092mm　1/16　11.5 印张(插页:2)　212 千字
定价:78.00 元

新思想研究丛书
编委会

主　编
刘元春

副主编
丁晓钦

顾　问
（按姓氏笔画排序）

刘　伟　李建平　张　宇　林　岗　逄锦聚
洪银兴　顾海良　程恩富　鲁品越　简新华

编　委
（按姓氏笔画排序）

丁任重	丁晓钦	丁堡骏	马　艳	马莉莉	王　丰	王　娜	王中保
王生升	王朝科	方　敏	卢　江	白瑞雪	吕　健	朱安东	乔　臻
乔晓楠	伍山林	任保平	刘　刚	刘　震	刘凤义	刘守英	刘新刚
孙立冰	孙蚌珠	纪志耿	严金强	李　政	李　楠	李正图	李帮喜
杨　静	杨云霞	杨虎涛	杨春学	肖　斌	邱海平	何自力	何爱平
宋宪萍	宋朝龙	张　旭	张　林	张　衔	张　辉	张建刚	张俊山
张晖明	张新宁	邰丽华	范　欣	林光彬	周　文	郑吉伟	孟　捷
赵　峰	胡乐明	胡家勇	胡怀国	冒佩华	段学慧	侯为民	贾利军
贾根良	高　帆	郭冠清	唐珏岚	黄　瑾	黄阳华	曹泳鑫	常庆欣
盖凯程	葛　扬	蒋永穆	韩文龙	韩喜平	焦方义	舒　展	鲁保林
谢　地	谢富胜	黎贵才					

前　言

共同富裕作为社会主义的本质要求和中国式现代化的重要特征,是中国共产党的奋斗目标、中国人民的热切期望。实现全体人民共同富裕,不仅是关系到党的执政基础的重大政治问题,而且是我们党坚持以人民为中心发展思想的重要体现。当前,我国正处于全面建成小康社会后,开启全面建设社会主义现代化强国的新征程中,经济发展从高速增长阶段转向高质量发展阶段,实现经济高质量发展,满足人民对美好生活的需要,必须把促进全体人民共同富裕摆在更加重要的位置,脚踏实地、久久为功,向着这个目标更加积极有为地进行努力。

党的十八大以来,习近平总书记站在为中国人民谋幸福和为中华民族谋复兴的高度,围绕共同富裕的本质内涵、基本特征和实现路径等方面,对扎实推进共同富裕提出了一系列新论断、新思想、新战略,推动出台和实施了一系列新方略、新体制、新举措。在习近平新时代中国特色社会主义思想的指导下,在习近平总书记对扎实推进共同富裕的科学部署和系统谋划下,我们党对实现全体人民共同富裕目标提出了清晰的三阶段的战略步骤:第一步,到"十四五"末,即 2025 年,全体人民共同富裕迈出坚实步伐,居民收入差距和实际消费水平差距逐步缩小;第二步,到 2035 年,全体人民共同富裕取得更为明显的实质性进展,基本公共服务实现均等化;第三步,到本世纪中叶,全体人民共同富裕基本实现,居民收入和实际消费水平差距缩小到合理区间。共同富裕的战略目标和战略步骤与我国推进中国式现代化的进程同步,是我们党在对我国发展条件和发展趋势科学研判的基础上提出的,具有科学性和现实可行性。

党的二十届三中全会提出进一步全面深化改革的总目标,强调要聚焦提高人民生活品质,推动人的全面发展、全体人民共同富裕取得更为明显的实质性进展。这既是我们党对扎实推进共同富裕不断追求、积极奋进的集中体现,也充分表明推动全体人民共同富裕与促进人的全面发展是高度统一的。实现全体人民共同富裕需要探源经典马克思主义对共同富裕和人的全面发展的基本观点和科学主张,回溯新中国成立以来,中国共产党在探索寻求共同富裕道路上的思想认识和经验总结。党的十八大以来,党中央把握发展阶段和社会主要矛盾新变化,把逐步实现全体人民共同富裕摆在更加重要的位置上,在推动区域协调发展、城乡融合发展、保障和改善民生等方面不断取得新进展,实现了全面建成小康社会的"第一个百年奋斗目标",解决了绝对贫困问题,为促进共同富裕创造了良好条件。当前,我国正处在向"第二个百年奋斗目标"奋进的新征程中,到了必须解决相对贫困问题、扎实推动共同富裕的历史阶段。同时,必须清醒认识到,我国经济发展进入新常态转型任务仍然艰巨,发展不平衡不充分的问题仍然突出,同时面临着当今世界百年未有之大变局加速演进的国际冲击,以及新一轮科技革命和产业变革对就业和收入带来的深刻影响。

扎实推进共同富裕,需要把握好鼓励勤劳创新致富、坚持基本经济制度、尽力而为量力而行、坚持循序渐进等基本原则。同时要坚持以人民为中心的发展思想,逐渐实现全民、全面、全方位的共同富裕,不断增强人民的获得感和幸福感;坚持在高质量发展中促进共同富裕,完善收入分配制度,构建高水平社会主义市场经济体制,处理好公平与效率的关系,在做大做好蛋糕的同时,更要注重切好分好蛋糕;坚持以系统观念推进共同富裕,用整体性、动态性和复杂性思维,准确认识和系统把握推进共同富裕过程中全局与局部的关系、长远与当前的关系、一般与特殊的关系。在中国共产党的坚强领导下,全体人民不断努力,脚踏实地、久久为功,使全体人民朝着共同富裕目标扎实迈进。

本书以党的十八大以来,以习近平同志为核心的党中央对共同富裕理论的深刻认识和扎实推进共同富裕的实践探索为研究对象,在梳理习近平总书记关于共同富裕的本质内涵、基本特征和实现路径等方面的思想论断及战略举措的基础上,从理论、历史和实践维度进行深入系统的阐释。其中,第一章、第二章和第三章为理论阐释,主要对习近平总书记关于共同富裕的理论内容、理论基础以及理解共同富裕需要把握的几对关系进行理论阐释;第四章、第五章和第六章为现实分析,主要对新中国成立以来特别是党的十八大以来我国推进共同富裕的历史进程、现实基础和面临的挑战等方面进行现实分析;第七章、第八章和第九章为实践探索,主要围绕实现共同富裕的战略目标,对在新的历史阶段扎实推进共同富裕的基本原则、实现路径和具体举措等方面进行对策探索。

在本书写作过程中，作者参阅了理论界大量的研究成果和相关数据资料，在此表示衷心的感谢。同时也感谢参与搜集和整理资料、撰写部分初稿的同学，他们是复旦大学马克思主义学院博士生武艺扬、胡铖，以及上海财经大学经济学院博士生任永豪、胡淼、朱懿哲。本书是上海财经大学习近平经济思想研究系列著作重大课题研究成果，感谢上海财经大学习近平经济思想研究院和科研处提供研究和出版资助。由于主题宏大，研究时间所限，本书难免有不足之处，敬请读者批评指正。

作者

2024 年 9 月

目 录

第一章　习近平关于共同富裕的理论论述　/ 001
第一节　共同富裕本质内涵的理论论述　/ 001
一、共同富裕是中国共产党矢志不渝的价值追求　/ 001
二、共同富裕是中国特色社会主义的本质要求　/ 003
三、共同富裕是中国式现代化的本质特征　/ 004
四、共同富裕是人类社会未来发展的方向　/ 006

第二节　共同富裕基本特征的理论论述　/ 007
一、共同富裕是全体人民的富裕　/ 007
二、共同富裕要靠勤劳智慧来创造　/ 008
三、共同富裕是物质生活和精神生活的全面富裕　/ 009
四、共同富裕是一个长期的历史过程　/ 010

第三节　共同富裕实现路径的理论论述　/ 011
一、以脱贫攻坚为共同富裕创造条件　/ 012
二、以区域协调发展助力区域间共同富裕　/ 013
三、以乡村振兴战略助推城乡共同富裕　/ 015
四、以制度改革奠定共同富裕的制度基础　/ 017

第二章　新时代推动共同富裕的理论基础　/ 020
第一节　经典马克思主义共同富裕理论　/ 020
一、共同富裕是人的自由全面发展的必然要求　/ 021

二、生产力高度发达是实现共同富裕的物质基础 / 022
三、社会主义制度是实现共同富裕的制度基础 / 024

第二节　毛泽东关于共同富裕的理论 / 026
一、生产力的解放和发展是实现共同富裕的根本动力 / 026
二、农民问题是实现共同富裕要关注的主要问题 / 028
三、共同富裕既反对平均主义又反对过分悬殊 / 030
四、共同富裕具有内容的丰富性和实现的阶段性 / 031

第三节　中国特色社会主义共同富裕理论 / 032
一、共同富裕是社会主义的根本原则和优越性体现 / 033
二、坚持四项基本原则是实现共同富裕的根本保证 / 034
三、解放和发展生产力是实现共同富裕的首要前提 / 036
四、"先富带后富"的共同富裕战略步骤理论 / 037

第三章　理解共同富裕需要把握好的几个关系 / 040

第一节　共同富裕与社会主义本质的关系问题 / 040
一、马克思主义关于社会主义本质的理论 / 041
二、邓小平对社会主义本质与共同富裕的认识 / 042
三、共同富裕是社会主义本质要求的新定位 / 043

第二节　共同富裕对生产关系和分配关系的要求 / 045
一、生产与分配的关系是认识共同富裕的基本前提 / 045
二、共同富裕是对生产关系和分配关系的共同要求 / 048
三、生产资料的分配是实现共同富裕的根本要求 / 049

第三节　物质共同富裕与精神共同富裕的关系 / 051
一、物质共同富裕是精神共同富裕的基础和前提 / 051
二、物质富裕和精神富足共同构成共同富裕的内容 / 052
三、不能用精神共同富裕掩盖物质层面的贫富差距 / 054

第四节　实现共同富裕的目的性与过程性的关系 / 055
一、共同富裕不是平均富裕也不是同步富裕 / 055

二、共同富裕的实现是一个循序渐进的过程 / 057

三、共同富裕的实现需要主动出击而不是原地等待 / 058

第四章 新中国推进共同富裕的实践历程 / 061

第一节 社会主义革命和建设时期共同富裕的实践 / 061

一、社会主义改造推进共同富裕的实践探索 / 062

二、农业领域推进共同富裕的实践探索 / 063

三、工业领域推进共同富裕的实践探索 / 065

第二节 改革开放和现代化建设新时期共同富裕的实践 / 066

一、改革开放初期推进共同富裕的实践探索 / 067

二、市场经济体制初步建立时期推进共同富裕的探索 / 069

三、市场经济体制初步完善时期推进共同富裕的探索 / 070

第三节 中国特色社会主义新时代共同富裕的实践 / 071

一、在脱贫攻坚和乡村振兴中推进共同富裕的实践 / 072

二、在建立现代化经济体系中推进共同富裕的实践 / 073

三、在落实共享发展理念中推进共同富裕的实践 / 075

第五章 扎实推进实现共同富裕的现实基础 / 077

第一节 党的领导是实现共同富裕的政治基础 / 077

一、党对扎实推进共同富裕做出科学谋划和系统部署 / 078

二、坚持党的领导有利于充分发挥社会主义制度优势 / 079

三、党的领导能够有效防范化解共富路上的风险挑战 / 080

第二节 基本经济制度是实现共同富裕的制度基础 / 081

一、社会主义所有制为推进共同富裕提供根本保障 / 081

二、社会主义分配制度促进经济公平与效率的统一 / 083

三、社会主义市场经济体制激发社会财富创造活力 / 084

第三节 经济高质量发展是实现共同富裕的物质基础 / 086

一、经济实力和综合国力稳步提升 / 086

二、协调发展与经济结构优化升级 / 088

三、科技创新和经济驱动方式转变 / 089

第四节 社会建设成就是实现共同富裕的社会基础 / 091

一、全面小康社会建设取得胜利 / 091

二、社会建设制度和体系逐渐完善 / 092

三、民生福祉得到全方位改善 / 094

第六章 我国实现共同富裕面临的现实挑战 / 096

第一节 经济发展进入新常态转型任务艰巨 / 096

一、发展方式的转向仍然没有完成 / 097

二、经济结构的转变道路依然漫长 / 098

三、新旧动能的转换处于关键时期 / 099

第二节 发展不平衡不充分的问题依然严峻 / 100

一、重点领域关键环节改革任务仍然艰巨 / 101

二、收入分配差距和不平等问题仍然存在 / 102

三、城乡区域发展不平衡问题依然严峻 / 103

四、民生保障和社会治理仍然存在短板 / 104

第三节 百年未有之大变局带来的国际冲击 / 106

一、当今世界百年未有之大变局加速演进 / 106

二、全球产业链供应链不确定性和不稳定性增加 / 107

三、单边主义、保护主义等思潮暗流涌动 / 108

四、全球经济社会发展不平等问题加剧 / 109

第七章 扎实推进共同富裕的实践路径与原则 / 111

第一节 坚持中国特色社会主义制度 / 111

一、在坚持完善社会主义所有制中推动共同富裕 / 112

二、在坚持和完善基本收入分配制度中促进共同富裕 / 113

三、在深化改革社会主义市场经济体制中促进共同富裕 / 114

目 录

　　四、在加强党对经济工作集中统一领导中促进共同富裕　/ 116
　第二节　在高质量发展中促进共同富裕　/ 117
　　一、积极培育新质生产力提升富裕水平　/ 117
　　二、加快建设共同富裕的现代化经济体系　/ 119
　　三、坚持数字经济发展与规范并举　/ 120
　　四、统筹扩大内需和供给侧结构性改革　/ 121
　第三节　坚持以人民为中心的发展思想　/ 122
　　一、以共享发展推进全民共同富裕　/ 122
　　二、实现物质和精神的全面共同富裕　/ 123
　　三、实现城乡和地区间的全方位共同富裕　/ 125
　第四节　坚持以系统观念推进共同富裕　/ 126
　　一、用整体性思维把握全局与局部的关系　/ 127
　　二、用动态性思维把握长远与当前的关系　/ 128
　　三、用复杂性思维把握一般与特殊的关系　/ 129

第八章　完善分配制度推动实现共同富裕　/ 131

　第一节　坚持按劳分配原则　/ 131
　　一、按劳分配是社会主义的分配原则　/ 132
　　二、不断发展壮大按劳分配的所有制基础　/ 133
　　三、促进高质量就业提高劳动收入水平　/ 134
　　四、实现劳动报酬与劳动生产率提高同步　/ 136
　第二节　完善按要素分配政策制度　/ 137
　　一、按要素分配是市场经济的分配原则　/ 137
　　二、健全要素市场运行机制　/ 139
　　三、多种渠道增加城乡居民要素收入　/ 140
　　四、构建充分体现创新要素价值的收益分配机制　/ 142
　第三节　构建三次分配协调配套制度体系　/ 143
　　一、实现公平和效率的有机统一　/ 143

二、发挥好初次分配的基础性作用 / 144

三、履行好政府再分配调节职能 / 146

四、重视发挥第三次分配作用 / 147

第九章 构建高水平市场经济体制助力共同富裕 / 149

第一节 坚持"两个毫不动摇"激发市场主体活力 / 149

一、深化改革推动实现国资国企做强做优做大 / 149

二、优化营商环境促进民营经济发展壮大 / 152

三、构建和完善不同所有制融合发展的体制机制 / 153

第二节 建设高标准市场体系增强市场运行效率 / 155

一、构建高效规范公平竞争的全国统一大市场 / 155

二、完善要素市场制度和规则推动资源高效配置 / 157

三、完善以产权制度为重点的市场经济基础制度 / 159

第三节 完善宏观经济治理体系确保经济行稳致远 / 160

一、完善国家战略规划体系和政策统筹协调机制 / 160

二、深化财政税收和金融等重点领域的体制改革 / 162

三、完善实施区域协调和城乡融合发展战略机制 / 164

参考文献 / 166

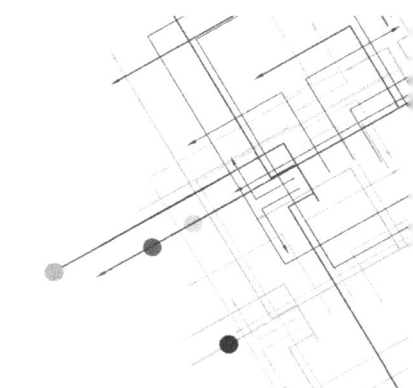

第一章

习近平关于共同富裕的理论论述

实现共同富裕是人类社会对理想归宿始终未变的孜孜追求,是中国特色社会主义制度的本质要求和鲜明旗帜,是中国共产党成立以来始终肩负的重要使命、始终坚持的奋斗目标。党的十八大以来,习近平站在为人民谋幸福、为民族谋复兴的高度,围绕什么是共同富裕、如何推进共同富裕等问题提出了一系列重要论述。党的二十大报告深入阐述了中国式现代化的具体内涵,并将"全体人民共同富裕"定位为中国式现代化的五个中国特色之一,把逐步实现全体人民共同富裕摆在更加重要的位置上。本章将从共同富裕的本质内涵、基本特征和实现路径三个方面系统梳理习近平关于共同富裕的理论论述。

第一节 共同富裕本质内涵的理论论述

共同富裕的本质内涵从根本上反映了共同富裕的逻辑起点、理论意蕴和实践路径,正确认识和把握共同富裕的本质内涵是实现共同富裕目标的必要前提。对此,习近平从中国共产党、中国特色社会主义道路、社会主义现代化以及人类社会发展四个角度系统诠释了共同富裕的本质内涵。

一、共同富裕是中国共产党矢志不渝的价值追求

中国共产党坚持全心全意为人民服务,实现全体人民共同富裕既始终贯彻于

中国共产党的发展历史，也与中国共产党执政基础密切相关，是具有重大意义的政治问题。

第一，中国共产党坚持以人民为中心的发展思想。中国共产党的初心和使命，就是为人民谋幸福、为民族谋复兴。党始终坚持实现好、维护好、发展好最广大人民的根本利益，坚持致力于满足人民群众持续增长的美好生活需要，进而让老百姓过上幸福的日子。实现全体人民的共同富裕从根本上体现了党的初心使命和性质宗旨。党的十八大以来，中国特色社会主义进入新时代，我国社会的主要矛盾已经转变为人民日益增长的美好生活需要与不平衡不充分的发展之间的矛盾，这已经成为新时代背景下我们党必须着力解决的主要问题，"适应我国社会主要矛盾的变化，更好满足人民日益增长的美好生活需要，必须把促进全体人民共同富裕作为为人民谋幸福的着力点，不断夯实党长期执政基础"[①]。江山就是人民，人民就是江山。在中国共产党发展历程中所得到的重要经验之一，便是坚持人民至上；中国共产党所具有的最大的政治优势，便在于密切联系群众；中国共产党带领广大人民群众推进共同富裕的必然要求，便在于始终如一地坚守人民立场。

第二，实现共同富裕是中国共产党向人民和国际社会做出的庄严承诺。改革开放以来，中国共产党围绕着经济建设这个中心，持续致力于改善、提高人民群众的物质生活水平，推动人民群众生活从温饱不足到实现全面小康。在庆祝改革开放40周年大会上，习近平系统总结了改革开放的成就与经验，并进一步指出，在前进道路上，要让人民群众共享各方面发展成果，不断促进全体人民共同富裕和人的全面发展。[②]党的十八大之后，中国共产党致力于促进全体人民共同富裕得到更加显著的进展。经过8年的艰苦奋斗，中国共产党完成了脱贫攻坚的目标任务，为推进共同富裕创造了更加充足且良好的条件。脱贫攻坚战的全面胜利不是终点，要继续巩固好、拓展好脱贫攻坚战所取得的宝贵成果，坚定地、逐步地实现能够惠及广大人民群众的共同富裕。中国共产党成功领导人民实现了第一个百年奋斗目标，迈向了实现第二个百年奋斗目标的新征程。党的二十大胜利闭幕后，习近平随即前往延安瞻仰革命纪念地，重温老一辈无产阶级革命家的光辉历程，回顾党的初心、使命，他进一步强调，要"自觉把以人民为中心的发展思想贯穿到各项工作之中，扎实推进共同富裕，让现代化建设成果更多更公平惠及全体

---

① 习近平.扎实推动共同富裕[J].求是,2021(20):4.
② 习近平.在庆祝改革开放40周年大会上的讲话[N].人民日报,2018-12-19.

人民"①。

第三,实现共同富裕是关系党的执政基础的重大政治问题。政之所兴在顺民心,政之所废在逆民心。稳固好一个执政党的执政基础,关键在于其是否能够有效地实现和满足其所代表的群体的利益。中国共产党执政兴国的第一要务在于发展,但发展的过程中还需要面临共同富裕问题,而发展的成果是否惠及全体人民则成为是否实现共同富裕目标的判断标准。新时代我国社会的主要矛盾充分表明,我们仍面临着各类不同程度的不平衡、不充分的发展问题,若不重视解决利益分配问题和两极分化现象,则可能导致党失去民心的政治风险。随着中国实现第一个百年奋斗目标、进入新发展阶段后,习近平强调,实现共同富裕既是经济问题,更是关系党的执政基础的重大政治问题②,要更加注重共同富裕问题。习近平这一重要论述,把共同富裕放在了更加突出的战略地位,即坚持好、贯彻好以人民为中心的理念,在推进现代化的过程中重视且解决好与共同富裕相关的各领域、不同程度的问题,这既是人民群众的共同心愿,也是我们党全心全意为人民服务这个根本宗旨的重要体现。推进共同富裕的一个关键在于加强对党员干部的教育和锻炼,要使党员干部将人民放在最高最突出的位置,在理念上始终牢记党的初心使命、坚守人民立场,在实践上始终关心人民群众的需求和呼声、努力解决人民群众的民生问题,从而提高共同富裕的实际成效。

二、共同富裕是中国特色社会主义的本质要求

马克思、恩格斯曾指出,在未来社会"生产将以所有的人富裕为目的"③。邓小平曾指出,"社会主义的本质,是解放生产力,发展生产力,消灭剥削,消除两极分化,最终达到共同富裕"④。党的十八大以来,习近平坚持和发展了中国特色社会主义,始终坚持把实现共同富裕作为中国特色社会主义的根本要求。

一方面,实现共同富裕是中国特色社会主义的根本原则。中国特色社会主义的必然要求在于发展,中国特色社会主义的本质要求则在于共同富裕,因此,中国

---

① 习近平.继承和发扬党的优良革命传统和作风 弘扬延安精神[J].求是,2022(24):6—7.
② 习近平.把握新发展阶段,贯彻新发展理念,构建新发展格局[J].求是,2021(9):12.
③ 马克思恩格斯全集(第31卷)[M].北京:人民出版社,1998:104.
④ 邓小平文选(第3卷)[M].北京:人民出版社,1993:373.

特色社会主义的性质决定了在实现发展的过程中也要同时解决不平衡不充分发展的问题,不断推进共同富裕的整体进度。2015年,新发展理念在党的十八届五中全会上被正式提出,其中,新发展理念的五个重要组成部分之一便是共享发展理念,这充分地彰显了以人民为中心的发展思想,鲜明地凸显出逐步推进共同富裕的目标。共享发展与共同富裕内涵具有高度的一致性、契合性和统一性。与共同富裕一样,共享也是中国特色社会主义的本质要求。走中国特色社会主义道路的一个必然要求,在于实现共享发展、推进共同富裕。中国特色社会主义的显著特点之一,在于坚持发展为了人民、发展依靠人民、发展成果由人民共享。中国共产党的初心使命和根本宗旨,在于使中国特色社会主义道路所取得的发展成果更好地、更多地惠及全体人民。

另一方面,全体人民共同富裕是实现中国梦的内在要求。共同富裕既是实现共产主义的必要前提,也是中华民族对理想社会的美好期盼,更是每个中国人民的共同愿景。中国梦是实现中华民族伟大复兴的梦,同时,中国梦也是每个中国人民的梦。实现中华民族伟大复兴的过程中,必然要促进所有人民实现共同富裕。实现中国梦与实现人民共同富裕,这两者之间具有高度的统一性、一致性。一方面,共同富裕为民族振兴奠定了极其重要的基础,如果没有共同富裕,那么如何实现国家富强、如何实现民族振兴的问题也就无从谈起了;另一方面,两者所遵循的方向、所沿着的路径均有相同和相通之处,即都需要经历长期且艰辛的探索过程。党带领广大人民群众实现中国梦的过程中所积累的宝贵奋斗经验,必然有助于更好地推进共同富裕进程。

三、共同富裕是中国式现代化的本质特征

社会主义制度的优越性的一个鲜明体现,便在于走共同富裕的道路,这也是全面建设社会主义现代化国家的本质要求。在新的历史阶段,开启全面建设社会主义现代化国家新征程,实现"第二个百年奋斗目标",必须把促进全体人民共同富裕摆在更加重要的位置。

一方面,全体人民共同富裕是中国式现代化的中国特色。中国共产党自成立以来,便为探索中国现代化道路、推进社会主义现代化进程而持续奋斗。实现什么样的现代化是党不断思考的重大问题。在担任福建省省长的时候,习近平便指出,

"使人民群众不断获得切实的经济利益,就是在国家经济得到快速发展,综合国力显著增强的前提下,使人民群众的经济收入、社会福利和物质生活条件不断得到相应提高,过上共同富裕的现代化生活"[①]。党的十八大以来,中国共产党在已有的基础上不断实现创新和突破,进一步拓展了中国式现代化的理论内涵。党的二十大报告明确提出,中国式现代化是全体人民共同富裕的现代化,中国式现代化坚持中国特色社会主义道路,坚持以人民为中心的发展思想,持续解决收入差距、区域差距等不平衡发展等问题,致力于实现全体人民共同富裕。西方现代化遵循资本逻辑、以资本为中心的发展思想,尽管实现了物质丰富,却始终没有解决贫富差距持续恶化的情况,两极分化成为西方国家长期无法摆脱的问题。与西方现代化不同,中国式现代化的一个本质特征,便在于全体人民共同富裕。中国式现代化以新发展理念为指导,在发展过程中不断落实共享发展理念,使中国式现代化过程中取得的各项成果利益都由全体人民所有。

另一方面,实现全体人民共同富裕是中国式现代化的本质要求。经过70多年的社会主义革命建设和改革发展,我国脱贫攻坚战取得全面胜利,全面建成小康社会取得彪炳史册的伟大成就,总体上已经进入全面建设社会主义现代化国家的新发展阶段。共同富裕是社会主义现代化的重要目标,推进中国式现代化进程必须注重共同富裕问题。新时代新征程,中国共产党的中心任务主要在于推进中国式现代化,同时,不能在推进现代化的过程中忽视不平衡不充分发展的问题,不能在实现现代化后再关注共同富裕问题,而是在现代化进程中将共同富裕作为实现现代化的重要前提和本质要求,始终注重解决利益分配、保障民生、协调发展等各方面的问题。中国特色社会主义的性质和中国式现代化的本质特征表明,在建设社会主义现代化国家的过程中,必须坚持以人民为中心,注重解决好人民群众关心的各类分配问题,逐步推进共同富裕的整体进程,进而"让现代化建设成果更多更公平惠及全体人民,在推进全体人民共同富裕上不断取得更为明显的实质性进展"[②]。西方现代化遵循"效率至上"的原则,只着眼于利益最大化而忽略了公平正义,加剧了收入不平等问题。在推进中国式现代化的过程中,要汲取西方现代化历程中的经验教训,既要注重效率也要注重公平,在推动高质量发展的同时,持续推进共同富裕,更好地把握好、处理好效率与公平的关系。

---

① 习近平. 使人民群众不断获得切实的经济、政治、文化利益[J]. 求是,2001(19):32.
② 习近平. 在第十四届全国人民代表大会第一次会议上的讲话[N]. 人民日报,2023—03—14.

四、共同富裕是人类社会未来发展的方向

摆脱贫困是世界各国人民的共同追求。习近平指出,"各国一起发展才是真发展,大家共同富裕才是真富裕"①。《联合国2030年可持续发展议程》将"在全世界消除一切形式的贫困"作为首项可持续发展目标。中国对共同富裕的探索不但有利于改善中国人民的物质生活条件,而且为世界各国提供了新的发展机遇与发展思路。

一方面,实现共同富裕符合世界各国人民的发展需要和共同利益。目前,世界正在经历百年未有之大变局,尽管逆全球化的思潮时有抬头,但经济全球化的客观趋势没有改变,人类的前途和利益都已紧紧联系在一起,在探索共同富裕的道路上,世界各国具有风雨同舟、命运相连的关系,任何一个国家都无法独立于世界体系之外,无法孤立地获得高度发达的社会生产力水平。人类社会已经站在历史的十字路口:是和平共处还是分裂对抗?是互利共赢还是互相排斥?是共同发展还是零和博弈?2013年,面对"人类向何处去"的世界之问、历史之问、时代之问,习近平着眼于全人类的共同利益,提出构建人类命运共同体理念,为世界各国人民携手消除贫困、探索共同富裕道路提供了中国方案。单极世界、"一超多强"的国际格局不是人类社会的最终归宿,世界各国的繁荣发展才符合全人类的共同追求。习近平指出,"各国相互协作、优势互补是生产力发展的客观要求,也代表着生产关系演变的前进方向。在这一进程中,各国逐渐形成利益共同体、责任共同体、命运共同体"②。随着百年未有之大变局的加速演进,人类命运共同体理念已深入人心,反映了人类社会对实现共同富裕、携手推进世界现代化的集体心声。

另一方面,中国推进共同富裕的经验历程为世界共同发展提供了中国智慧。中国的脱贫攻坚工作不但彻底改变了中国社会的面貌,而且为全世界摆脱贫困、实现可持续发展做出了重大贡献。共同富裕不但符合中国人民的发展愿望,对于世界各国推进自身的现代化进程、共同构建人类命运共同体也具有可行性。第二次世界大战后,许多新兴国家迈向了现代化的道路,但不少国家缺乏现代化建设的经

---

① 习近平. 与世界相交 与时代相通 在可持续发展道路上阔步前行——在第二届联合国全球可持续交通大会开幕式上的主旨讲话[N]. 人民日报,2021-10-15.
② 习近平. 登高望远,牢牢把握世界经济正确方向——在二十国集团领导人峰会第一阶段会议上的发言[N]. 人民日报,2018-12-01.

验，因此在推进现代化的过程中往往参照西方现代化的思路，进而难以处理好发展与平等的关系，或是遇到两极分化问题，或是陷入"福利主义陷阱"。中国在推进现代化进程中始终兼顾好发展与平等、效率与公平的关系，中国式现代化的理念和方案——以人民为中心、共享发展和共同富裕等——不但破除了"现代化就是西方化"的思想桎梏，而且有助于世界人民在发展过程中解决各种利益分配问题，有利于更好地推进世界现代化进程。

第二节 共同富裕基本特征的理论论述

共同富裕蕴含着鲜明的马克思主义理论逻辑和丰富的新时代中国特色社会主义现实内涵。新时代的共同富裕目标超出了单纯的物质丰富范畴，而是全体人民通过勤劳智慧共同创造和发展的成果，是物质生活和精神生活的全面富裕，是一个长期的历史过程。对此，习近平从共同富裕的全体性、创造性、全面性、长期性等方面系统阐述了共同富裕的基本特征。

一、共同富裕是全体人民的富裕

共同富裕不是少数人的富裕，而是覆盖全体人民的富裕。中国共产党从不代表任何少数群体或利益集团的局部的、私人的利益，而是致力于维护全体人民的共同利益。改革开放以来，我们允许一部分人、一部分地区先富起来，但先富只是发展的阶段特征，而非发展的最高目标。在发展的过程中，要以先富带动后富，逐渐实现全体人民的共同富裕。党的十八大之后，习近平提出了实现中华民族伟大复兴的中国梦，并指出，"我们的方向就是让每个人获得发展自我和奉献社会的机会，共同享有人生出彩的机会，共同享有梦想成真的机会，保证人民平等参与、平等发展权利，维护社会公平正义，使发展成果更多更公平惠及全体人民，朝着共同富裕方向稳步前进"[①]。在新发展理念中，共享发展是发展的出发点、落脚点，体现出了共同富裕的基本内涵，既是对马克思主义立场的坚持，也是对党的宗旨的把握，更是对以人民为中心理念的落实。贯彻落实共享发展理念，就要让广大群众共享发

---

① 习近平.在中法建交五十周年纪念大会上的讲话[N].人民日报，2014-03-29.

展成果,让全体人民向共同富裕不断迈进。党的二十大报告明确提出,中国式现代化是人口规模巨大的现代化。在社会主义现代化建设的过程中,绝不能忽略人口基数问题,14亿多中国人民要一起迈向现代化,就必须坚持以人民为中心的发展思想,使现代化成果更多惠及于民,绝不能出现两极分化问题。

推进共同富裕,必须从全体人民的角度着手。新时代我国社会主要矛盾表明,我国仍存在一些涉及经济社会发展各个领域、具有不同程度的发展不平衡不充分的现象,这些问题亟待解决。全体人民共同富裕是总体概念,实现共同富裕,必须从全局着手,必须从全社会的角度着手,必须从全国人民的角度着手,要把全国范围内各个地区、各个城镇与乡村、不同收入水平的人群所面临的各种方面的问题都考虑进来。中国的人口基数、区域差异等国情决定了实现共同富裕是一项千头万绪的复杂任务,因此,要抓住我国社会中发展不平衡、利益分配等问题的主要矛盾,要在满足全体人民的美好生活需要、解决社会民生的重点问题等主要方面上着手,不断为解决区域不平衡、城乡差异、收入差距等问题谋划新思路、规划新举措,要在教育、医疗、养老、住房等人民群众最为关心的领域做好保障工作,要更加注重和关心农村地区、社会基层、欠发达地区的民生问题,要更加关照困难群众、特殊群体,使共同富裕的成效覆盖到全体中国人民。

二、共同富裕要靠勤劳智慧来创造

中国式现代化坚持独立自主、自立自强,中国今天的成就从来不是任何国家施舍而来的,而是靠全体中国人民的勤劳奋斗、聪明才智,脚踏实地干出来的。中国既不走脱实向虚的经济发展道路,也不走对外侵略的帝国主义道路,以中国式现代化道路实现共同富裕,需要经历较长时期的艰苦卓绝的奋斗。根据马克思主义政治经济学的基本原理,创造价值的唯一源泉是劳动。新中国成立70多年以来的实践历程也充分证明,只有依靠全体人民的勤劳奋斗才能实现真正的脱贫致富。必须在思想教育、舆论引导、实践锻炼等方面促进形成多劳多得、勤劳致富的社会主旋律,坚定人民群众实现共同富裕的精神意志,鼓励勤劳奋斗的致富方式,引导全体人民朝着正确方向努力实现美好生活。

一些国家采取的福利主义政策只侧重于改善生活水平,既忽略了人民群众财富创造能力下降的情况,也忽略了国家的经济发展水平,最终会影响经济的可持续发展能力,反而使得福利政策的待遇下降,最终导致经济风险和政治危机。因此,仅靠福利保障措施不是实现共同富裕的真正可靠的途径。在社会主义现代化的道路上,经济建设依然是我国的中心工作,我国仍然面临各种经济发展问题,因此,必须坚持依靠勤劳奋斗实现共同富裕。在社会保障政策实施方面,必须坚持尽力而为、量力而行的原则,在提高社会保障水平、改善民生的时候要根据客观经济水平制定适宜的政策,重视提高公共服务水平,根据人民群众基本需求和关心的重点领域做好基本公共服务工作,重视兜底保障工作,不能提出过高的福利待遇目标,而是以实事求是的精神做好社会保障工作。我国目前仍处于并将长期处于社会主义初级阶段,距离实现物质极大丰富的共产主义社会还有很长一段时间,推进共同富裕的过程中必须时刻把握这个基本国情,坚持在发展中保障和改善民生,坚持在高质量发展中推动共同富裕取得新进展,要通过"为人民提高受教育程度、增强发展能力创造更加普惠公平的条件,提升全社会人力资本和专业技能,提高就业创业能力,增强致富本领"[1],提高人民群众勤劳致富的内在能力,同时,"要防止社会阶层固化,畅通向上流动通道,给更多人创造致富机会,形成人人参与的发展环境,避免'内卷'、'躺平'"[2],不断改善社会就业创业环境,为人民提供更多发展机遇,进而增强共同富裕的内生动力,从根本上提高人民生活水平。

三、共同富裕是物质生活和精神生活的全面富裕

党的十一届三中全会以后,中国共产党系统总结社会主义革命和建设时期的经验并深刻认识到,贫困不是社会主义,要以经济建设为中心,坚持解放和发展生产力,逐步地推进共同富裕进程。党的十八大以来,党拓展和深化了对新时代中国特色社会主义的认识,将经济建设和文化建设纳入"五位一体"总体布局,并深入总结改革开放以来的实践经验,进一步拓展了共同富裕的理念内涵,并深刻认识到"物质贫困不是社会主义,精神贫乏也不是社会主义"[3]。推进共同富裕不能局限于物质财富的单一积累,还要注重精神文明的协同建设。共同富裕既是全体人民的物质生活富裕,也是全体人民的精神生活富裕,促进物质发展与精神文明建设是相辅相成、相互成就的。中国共产党对于物质生活和精神生活的深刻认识进一步丰富了中国式现代化的理论内涵。党的二十大报告指出,中国式现代化的中国特色

---

[1] 习近平. 扎实推动共同富裕[J]. 求是,2021(20):5.
[2] 习近平. 扎实推动共同富裕[J]. 求是,2021(20):5.
[3] 习近平. 中国式现代化是强国建设、民族复兴的康庄大道[J]. 求是,2023(16):6.

之一是物质文明和精神文明相协调,社会主义现代化的根本要求在于物质富足、精神富有。[①] 西方国家的现代化过程,一方面实现了物质财富的极大富足,另一方面却使西方社会面临思想迷茫、精神贫乏等问题。与西方现代化不同,中国式现代化旨在追求物质生活和精神生活的共同富裕。新征程上,我们既要致力于实现高质量发展,促进物质的全面丰富,也要持续深入推进社会主义文化建设,促进人的全面发展,最终实现全体人民的全面富裕。

推进共同富裕,要加强社会主义精神文明建设,不断发展壮大公共文化事业,健全完善公共文化服务体系,为实现人民群众精神生活的共同富裕创造基本条件。从本质上看,物质文明、精神文明的建设具有相互促进的关系,物质文明的发展必然催生精神文化需求,而精神文明的进一步演化也必然要求先进的物质文明为依托。实现共同富裕,必须推动物质文明和精神文明协调统一、相得益彰,既为社会主义精神文明建设奠定必要的物质基础,也为社会主义现代化建设提供良好的思想基础、精神力量、价值追求。社会主义现代化强国,同时也必然是社会主义文化强国。在新征程上,随着经济水平的不断发展,人民群众对美好生活的向往也势必伴随着精神需求的日益增长,要顺应百姓丰富多样的精神文化生活层面的需求,必须"建设具有强大凝聚力和引领力的社会主义意识形态,加强理想信念教育和'四史'宣传教育,培育和弘扬社会主义核心价值观,发展社会主义先进文化,推出更多优秀文艺作品,不断丰富人民精神世界,提高全社会文明程度,促进人的全面发展"[②]。

四、共同富裕是一个长期的历史过程

改革开放以来特别是党的十八大以来,随着脱贫攻坚战的胜利以及全面建成小康社会,人民群众的生活水平得到了很大改善,然而,共同富裕是一个长期的历史过程,实现共同富裕是一项长期目标,还需要长时间的探索和奋斗,必须稳步实施、踏实前进,才能真正地实现共同富裕。共同富裕贯穿经济社会发展的全过程,需要中长期的整体规划作为总体行动指南,习近平对不同阶段的共同富裕目标进行了总体概述:第一,到"十四五"末,"全体人民共同富裕迈出坚实步伐,居民收入

---

① 习近平.高举中国特色社会主义伟大旗帜 为全面建设社会主义现代化国家而团结奋斗——在中国共产党第二十次全国代表大会上的报告[N].人民日报,2022-10-26.
② 习近平.中国式现代化是强国建设、民族复兴的康庄大道[J].求是,2023(16):6.

和实际消费水平差距逐步缩小";第二,到2035年,"全体人民共同富裕取得更为明显的实质性进展,基本公共服务实现均等化";第三,到本世纪中叶,"全体人民共同富裕基本实现,居民收入和实际消费水平差距缩小到合理区间"[①]。

一方面,实现共同富裕目标需要长期坚持、久久为功,不能停滞不前。逐步实现共同富裕是一个长期过程,但不代表在现阶段就无所作为,而是要以愚公移山的精神,不断解决当前存在的收入差距、社会不公等问题,将共同富裕目标逐渐转变为现实。正如共同富裕是一项长期任务一样,发展不平衡不充分问题也将长期存在。在不同时期推进共同富裕均会面临不同阶段的问题和挑战,我们不能指望这些困难会因为经济发展而"凭空消失",而是要主动去解决收入差距、区域发展、城乡一体化、保障民生等问题,要主动回应人民呼声、顺应人民需求,不断改善人民生活水平,在发展的过程中不断检验共同富裕的短期成效与长期成就,在推进共同富裕的过程中不断总结吸取经验教训、改善思路方法,通过积小胜为大胜,进而逐步实现共同富裕。另一方面,共同富裕是一项长期任务,对于共同富裕目标所具有的长期性、艰巨性、复杂性,必须正确地理解和把握,不能操之过急。推进共同富裕的过程中必须认识到,全体人民共同富裕与绝对平均主义并非等价关系,而是必然伴随着一个动态发展的过程,不能忽略客观情况而直接让14亿多中国人民同时达到同一种富裕水平,不能要求所有区域都在同一个时间内实现完全一样的富裕水平,各个人群实现富裕的程度和时间也会有所不同。要坚持系统观念,充分认识和把握好共同富裕任务中局部与全局、当前与长期等关系。

第三节 共同富裕实现路径的理论论述

共同富裕的重点在于解决现实问题的成效。收入差距、城乡差距、地区差距等问题是全面建设社会主义现代化国家中必须持续不断解决的挑战。党的十八大以来,习近平从脱贫攻坚、区域协调发展、乡村振兴、保障和改善民生等方面提出了一系列推进共同富裕的新举措。

[①] 习近平.扎实推动共同富裕[J].求是,2021(20):5.

一、以脱贫攻坚为共同富裕创造条件

打赢脱贫攻坚战为全面建成小康社会做出了重要贡献,为实现共同富裕创造了必要前提。习近平高度重视脱贫攻坚工作,并围绕脱贫攻坚提出了一系列新论断、新要求和新举措。其内涵主要包括以下几个方面:

第一,精准扶贫。2015年6月,习近平提出"六个精准"[1]的方略;2015年底,精准扶贫被纳入脱贫攻坚总体战略规划中。[2] 脱贫攻坚不能搞大而化之,不能搞大水漫灌,要进行精准扶贫,脱贫攻坚成败之举在于精准。[3] 习近平关于精准扶贫的论述,为新时代脱贫攻坚指明了方向、目标和方法。具体来说:首先应精准识别扶贫对象,这是实施扶贫政策的先决条件;其次应明确帮扶主体,这是落实扶贫政策的重要保障;最后应确定扶贫路径,精准扶贫的关键在于实践层面,精准扶贫战略的关键则在于如何以适宜的方式帮助贫困人口。"对不同原因不同类型的贫困采取不同措施,因人因户因村施策,对症下药、精准滴灌、靶向治疗。"[4]2020年,党带领人民成功打赢脱贫攻坚战,小康社会得以全面建成,但脱贫摘帽不是终点,面对实现共同富裕的艰巨任务,必须将脱贫攻坚战所取得的成果同乡村振兴战略进行有机衔接配合,避免发生规模性返贫。

第二,内源扶贫。推动实现扶贫脱贫根本是要激发内生动力,实现扶贫扶智扶业相辅相成。首先,扶贫必须扶业。做好脱贫攻坚工作,要因地制宜,发展特色产业,为贫困群众培育可持续发展的产业[5],提高贫困地区的可持续发展能力。其次,扶贫必须扶智。在脱贫攻坚的过程中,重视对贫困人口的知识教育是习近平关于内源扶贫论述的一个重要方面。必须做好贫困地区的教育工作,改善和增加贫困地区下一代的教育条件、受教育机会。只有提高贫困地区的教育水平,才能从根本上提高贫困群众的致富本领。最后,扶贫必须扶志。摆脱贫困必须注重扶贫和扶志相结合,在思想上使贫困群众摆脱贫穷意识,使人民群众对美好生活的向往转化为脱贫致富的斗志,不断培养和增强勤劳致富的意识和勤劳奋斗的精神。

---

[1] 习近平.谋划好"十三五"时期扶贫开发工作 确保农村贫困人口到2020年如期脱贫[N].人民日报,2015-06-20.
[2] 习近平.脱贫攻坚战冲锋号已经吹响 全党全国咬定目标苦干实干[N].人民日报,2015-11-29.
[3] 习近平.习近平扶贫论述摘编[M].北京:中央文献出版社,2018:58.
[4] 习近平.习近平扶贫论述摘编[M].北京:中央文献出版社,2018:75.
[5] 习近平.祝伟大祖国更加繁荣昌盛 祝各族人民更加幸福安康[N].人民日报,2017-01-25.

第三,生态扶贫。习近平基于我国脱贫攻坚与生态保护的实际情况,统筹考虑生态与反贫、生态与民生及生态与发展等方面,提出了关于生态扶贫的创新理论观点。首先,习近平关于生态扶贫论述的理论基础是"绿水青山就是金山银山",其生动阐释了经济社会的发展建设与生态环境的保护工作之间的辩证关系,揭示了保护环境、提高生态环境的效益就是保护经济潜力、提高经济社会效益的道理。① 其次,习近平强调要因地制宜,合理利用生态资源发展产业。不同的区域、城市与乡村之间具有不同的自然资源禀赋,通过开发利用生态资源,提高欠发达地区优势生态资源的经济效益,从而实现经济与生态的双赢。

二、以区域协调发展助力区域间共同富裕

区域协调发展是解决我国分配领域中存在的区域经济发展不平衡不充分问题的宏观逻辑,也是推进中国式现代化的重要战略,更是实现共同富裕的必然要求。实施区域协调发展战略,最终要体现到提高人民生活水平、扎实推进共同富裕上。从提出"弱鸟可望先飞,至贫可能先富"②的发展理念,到在浙江全面实施"山海协作工程"③,再到实施区域协调发展战略④,伴随着工作实践经历的积累,习近平关于区域协调发展的重要论述持续沉淀、凝练、升华,并最终成为新时代指引我国区域发展的系统的理论体系。

第一,推动区域协调发展的实现路径在于打造区域经济增长极。打造区域经济增长极是实现区域协调发展的基本路径,也是推进共同富裕的重要途径。由于产业集聚效应、规模经济效益的作用,部分先发地区凭借其所具有的比较优势,优先发展为增长极,形成涓滴效应,随后经过空间格局的演化,逐渐形成发展轴,并最终形成发展地带和增长网络空间。因此,党的十八大以来,习近平高度重视区域增长极、增长带和增长空间的培育,创造性地提出了一系列摆脱行政区划、国界限制的跨区域发展战略,包括京津冀协同发展、长江三角区域一体化发展、粤港澳大湾区建设、振兴东北老工业地区、西部大开发、中部崛起等重大战略部署,加强了各个

---

① 习近平.习近平谈治国理政:第3卷[M].北京:外文出版社,2020:361.
② 赵承,霍小光,张晓松,等.习近平的扶贫故事[N].人民日报,2020-05-20.
③ 习近平.兴起学习贯彻"三个代表"重要思想新高潮 努力开创浙江各项事业新局面——在省委十一届四次全体(扩大)会议上的报告[J].今日浙江,2003(14):10.
④ 习近平.决胜全面建成小康社会 夺取新时代中国特色社会主义伟大胜利[N].人民日报,2017-10-28.

区域之间的联动发展性,提供了新的协调发展的实现路径。新时代实施区域协调发展战略,必须既要借助中心城市的辐射带动力,推动高质量发展,也要促进西部地区、东北地区、中部地区、东部地区协同发展,通过建立和完善区域协调发展机制,形成区域协调发展新格局。此外,习近平还提出了基于国家级新区、自由贸易试验区和国家生态文明试验区等重大功能平台进而更好地提高区域发展协调性的思路,包括雄安新区的建设、上海和海南自由贸易试验区等,进一步提高了区域协调发展战略的广度与深度,为区域协调发展奠定坚实基础。

第二,推动区域协调发展要不断深化对协调发展的理解。唯物辩证法是正确认识、把握和拓展协调发展理念的重要方法论基础,中国共产党在推进社会主义现代化建设的过程中,坚持运用唯物辩证法,不断拓展完善对协调发展的认识与理解,形成了许多关于协调发展的理论和政策,为解决发展问题、推动协调发展提供了理念指引和实践路径。[1] 进入新时代以来,习近平基于当前经济发展现状,进一步深化了对协调发展的理解。他指出,新形势下,协调发展具有一些新的特点:协调既是发展手段又是发展目标,同时还是评价发展的标准和尺度;协调是发展两点论和重点论的统一、发展平衡和不平衡的统一、发展短板和潜力的统一。[2] 为此,要实现区域协调发展,就必须通过注重补齐短板"挖掘发展潜力、增强发展后劲"[3],并通过深入贯彻和开展区域发展战略,进一步缩小区域发展的分化程度,持续提高发展的平衡性、协调性、包容性,为实现共同富裕创造条件。同时要充分认识到,协调发展理念与共同富裕一样,都不等同于平均主义思想,坚持协调发展要重视发展机会的公平性与资源配置的均衡性,尤其是当前我国经济增长已经进入高质量发展的新阶段,推动区域协调发展面临新情况、新问题与新要求,必须因地制宜、实事求是,根据不同地区的不同情况制定不同的发展目标和发展路径。

第三,推进区域协调发展要以缩小经济差距和提高人民生活水平为目标。人民中心论是区域协调发展战略的价值追求,以人民为中心的发展思想是推进区域协调发展的理念指引。随着我国社会主要矛盾的转变,区域协调发展目标不能只注重于缩小经济规模和经济增长速度的差距,必须充分结合高质量发展这个首要任务,更好地体现在人民生活水平的协调发展。不同地区由于经济发展情况的差异,推进区域协调发展和共同富裕的难度也有所不同,比如,"从全国来看,推动全

---

[1] 习近平. 深入理解新发展理念[J]. 求是,2019(10):7-8.
[2] 习近平. 深入理解新发展理念[J]. 求是,2019(10):8-9.
[3] 习近平. 深入理解新发展理念[J]. 求是,2019(10):9.

体人民共同富裕,最艰巨的任务在一些边疆民族地区"①。推进区域协调发展,不但要进一步地支持和支撑欠发达地区,还要在提升其经济发展水平的同时,更加注重提高人民生活水平,推进共同富裕在每个地区都取得更为显著的成效。

三、以乡村振兴战略助推城乡共同富裕

全面推进乡村振兴是解决城乡发展不平衡、乡村发展不充分问题的重大部署,是扎实推进共同富裕的重要战略保障。党的十九大报告对乡村振兴战略进行了系统部署,将其上升到国家战略的高度,并写进党章。经过长期探索、深入实践,习近平逐步形成了以人为本、执政为民,站位高远、统揽全局,全面布局、整体推进的乡村振兴战略构想,并以此擘画出全面推进产业振兴、人才振兴、文化振兴、生态振兴、组织振兴"五大振兴"的乡村振兴图景。

第一,以"产业振兴"为乡村振兴的基石。新时代全面推进乡村振兴的物质保障在于实现产业兴旺,这是解决乡村各类问题的基础物质前提与关键着力点。为此,一方面要根据不同地方的自然资源禀赋、区位优势、人口情况等特点,发展壮大乡村特色产业,进一步强化地区竞争优势,从根本上提高农民收入,让产业发展的成果更多地惠及于农民;另一方面,要推进农业供给侧结构性改革,加快提高农业的产业化程度,促进农村三产融合发展,通过发展农村全产业链为农民创造更多样化、层次化的就业环境,为农民提供更多勤劳致富机会。

第二,以"人才振兴"为乡村振兴的根本。人才是经济发展的第一资源。习近平对深入实施新时代人才强国战略提出了许多新论述、新思想和新举措,体现了党中央对人才的高度重视。新时代全面推进乡村振兴同样要依靠人才,也必须依托人才。为此,一方面,要坚持和加强农村基层党组织的建设,"要建设一支政治过硬、本领过硬、作风过硬的乡村振兴干部队伍"②,为加强党对"三农"工作的全面领导提供人才资源支撑;另一方面,"要吸引各类人才在乡村振兴中建功立业"③,为开展乡村振兴工作提供一支规模更加庞大、素质更加优秀的人才队伍。

---

① 习近平. 把握战略定位坚持绿色发展 奋力书写中国式现代化内蒙古新篇章[N]. 人民日报,2023—06—09.
② 习近平. 坚持把解决好"三农"问题作为全党工作重中之重 促进农业高质高效乡村宜居宜业农民富裕富足[N]. 人民日报,2020—12—30.
③ 习近平. 坚持把解决好"三农"问题作为全党工作重中之重 举全党全社会之力推动乡村振兴[J]. 求是,2022(7):17.

第三，以"乡风文明"为乡村振兴的魂。"乡风文明"被列为新时代乡村振兴战略的主要内容，文化振兴成为乡村振兴之魂。习近平高度重视乡村文化振兴，他指出，农村是农耕文明的载体，是中华传统文化的发源地。在现代化的进程中，不能让农村成为荒芜的农村、留守的农村、记忆中的故园①，而是要注重"推动形成文明乡风、良好家风、淳朴民风"②。乡村文化振兴是社会主义精神文明建设的重要内容，与共同富裕内涵高度契合，推动乡村文化振兴是实现物质文明和精神文明协调发展的必然要求，必须持续加强农村的精神文明建设，做好农村思想政治工作，既要注重提高农村的物质生活水平，也要重视改善农民精神生活的质量。

第四，以"生态宜居"为乡村振兴的内在要求。乡村振兴战略将"生态宜居"作为总要求之一，反映了生态振兴在乡村振兴战略中的重要性。改革开放以来，我国经济实现了高速发展的同时也积累了大量生态环境污染的问题，对此，习近平提出了"绿水青山就是金山银山"的理念。经过多年的环境保护工作，农村生态环境已得到很大改善，但仍存在一些问题亟待解决，此外，随着农业农村现代化，在全面推进乡村振兴的过程中也会面临更多新的生态环境问题。因此，必须加强农村生态文明建设，"以钉钉子精神推进农业面源污染防治，抓好化肥农药减量、白色污染治理、畜禽粪便和秸秆资源化利用，加强土壤污染、地下水超采、水土流失等治理和修复"③。

第五，以"治理有效"作为乡村振兴的重要保证。"治理有效"被列为乡村振兴战略的总要求之一，其要求组织振兴能够为开展乡村振兴工作提供重要保障与领导核心。随着我国城乡物质利益格局的调整和变迁，一方面，农村群众的物质生活水平大幅提高；另一方面，西方国家在现代化过程中所遇到的城乡社会治理问题也集中在我国出现。④ 新时代推进乡村治理，一方面，必须加强和改进党对农村基层工作的全面领导，提高农村基层党员干部的社会治理能力，强化农村基层党组织的领导作用，不断加强和改进乡村治理；另一方面，要重视农村基层工作，通过健全乡村治理体系提升治理水平，结合乡村人才振兴持续做好乡村治理工作。

---

① 中央农村工作会议在北京举行[N].人民日报，2013-12-25.
② 习近平.坚持把解决好"三农"问题作为全党工作重中之重 举全党全社会之力推动乡村振兴[J].求是，2022(7)：13.
③ 习近平.坚持把解决好"三农"问题作为全党工作重中之重 举全党全社会之力推动乡村振兴[J].求是，2022(7)：13-14.
④ 中共中央文献研究室.十八大以来重要文献选编（上）[M].北京：中央文献出版社，2014：680.

四、以制度改革奠定共同富裕的制度基础

保障和改善民生是实现人民对美好生活向往、促进共同富裕的重要途径。党的十八大以来,习近平在保障和改善民生方面做出了许多重要论述,为更好增进民生福祉、实现共同富裕提供了根本指引。

第一,坚持和完善基本经济制度。共同富裕要在经济高质量发展的过程中不断推进。在推进中国式现代化进程中继续坚持和完善基本经济制度,才能更好地处理效率与公平的关系、更好地保障和改善民生,从而促进共同富裕。鼓励和促进社会主义市场经济条件下各类经济主体为缩小发展、收入差距提供相应贡献,这是社会主义的本质要求,也是新时代推动共同富裕的关键。习近平指出,"无论是国有企业还是民营企业,都是促进共同富裕的重要力量,都必须担负促进共同富裕的社会责任"[①]。一方面,要通过公有制经济促进共同富裕。公有制经济是属于人民的共同财产,必须进一步将其巩固好、发展好,充分发挥公有制经济在实现共同富裕过程中的促进作用与保障作用。另一方面,要通过非公有制经济促进共同富裕。非公有制经济是发挥先富带动后富的重要力量,要引导非公有制经济在推进共同富裕的过程中发挥更大作用,通过推动民营企业在企业内部构建和谐劳动关系和全体员工利益共同体,充分保障员工利益,并鼓励民营企业积极参与慈善事业,争做回报社会的模范。[②]

第二,完善分配制度。党的二十大报告明确指出,分配制度是促进共同富裕的基础性制度。[③] 在全面建成社会主义现代化强国的新征程上,不但要继续做大蛋糕,还要把蛋糕分好,构建合理分配格局。[④] 实现三种分配方式协调配套是保障人民利益、促进共同富裕的关键举措。对此,习近平指出,第一,"要坚持按劳分配为主体,提高劳动报酬在初次分配中的比重,完善按要素分配政策";第二,"要发挥再分配的调节作用,加大税收、社保、转移支付等的调节力度,提高精准性";第三,"要发挥好第三次分配作用,引导、支持有意愿有能力的企业和社会群体积极参与公益

---

① 习近平.正确引导民营经济健康发展高质量发展[N].人民日报,2023-03-07.
② 习近平.正确引导民营经济健康发展高质量发展[N].人民日报,2023-03-07.
③ 习近平.高举中国特色社会主义伟大旗帜 为全面建设社会主义现代化国家而团结奋斗——在中国共产党第二十次全国代表大会上的报告[N].人民日报,2022-10-26.
④ 习近平.扎实推动共同富裕[J].求是,2021(20):6.

慈善事业,但不能搞道德绑架式'逼捐'"①。完善分配制度,重点在于改善收入群体结构,必须逐步减少低收入群体比重,通过推动低收入人群成为中等收入群体,提高中等收入群体比例;同时,注重完善财富积累机制,依法完善规范和调节高收入,从而构建合理的收入分配结构。在建立和完善社会主义市场经济体制的过程中,自然会面临资本治理问题。社会主义条件下的资本同样具有逐利本性,如何在坚持和完善分配制度的同时规范和引导资本健康发展是推进共同富裕过程中必须解决的重大理论与实践问题。资本在促进共同富裕方面有积极作用,但资本的逐利本性和扩张特性也可能影响利益分配问题和加剧两极分化问题。一方面,要促进资本良性发展②,充分发挥资本在经济社会发展中所具有的积极作用;另一方面,要坚持反垄断和反不正当竞争,防止资本无序扩张。③

第三,促进社会公平正义。要有效地落实好以人民为中心的发展思想,就必须把促进社会公平、增进人民福祉定位为发展社会保障事业的根本出发点和落脚点。只有人人都享有平等发展和致富的机遇,才能真正地实现共同富裕。推进中国式现代化,要正确地认识和处理效率与公平的关系,为此,必须建立健全社会公平保障体系,"要完善促进机会公平、维护社会公平正义的制度机制,畅通社会向上流动通道,打破利益固化藩篱,创造公平竞争的良好环境"④,从制度层面上充分保障人民群众的平等发展机会和勤劳致富机会,让人民群众切身体会到社会公平正义背后的制度保障,进而充分激发人民群众团结奋斗、参与社会发展、为社会做贡献、实现中国梦的精神动力。

第四,完善社会保障体系。社会保障体系是改善社会分配问题、促进共同富裕的关键机制保障,党的二十大报告提出了健全多层次社会保障体系的目标,为持续性地改善人民生活、实现共同富裕提供了重要路径。其中,促进基本公共服务均等化是提高低收入群体生活水平的关键举措,是实现共同富裕的基础保障,要从加大普惠性人力资本投入以及完善养老和医疗保障体系、兜底救助体系、住房供应和保障体系等方面着手⑤,持续改善低收入群体生活质量。就业是民生的基础,党的二十大报告对就业优先战略提出了一系列新部署,充分体现了就业在保障和改善民

---

① 习近平.正确认识和把握我国发展重大理论和实践问题[J].求是,2022(10):5.
② 习近平.依法规范和引导我国资本健康发展 发挥资本作为重要生产要素的积极作用[N].人民日报,2022-05-01.
③ 习近平.扎实推动共同富裕[J].求是,2021(20):8.
④ 习近平.为实现党的二十大确定的目标任务而团结奋斗[J].求是,2023(1):11.
⑤ 习近平.扎实推动共同富裕[J].求是,2021(20):7-8.

生方面的重要性。高质量发展是中国式现代化的本质要求和全面建设社会主义现代化国家的首要任务,促进高质量充分就业是推进共同富裕的重要基础,要将高质量发展和促进就业这两项战略紧密结合,通过经济增长和发展壮大实体经济提高就业的数量和质量,充分发挥中小微企业的就业主渠道作用,并通过教育改善劳动者素质以适应高质量发展需要。①

---

① 习近平.正确认识和把握我国发展重大理论和实践问题[J].求是,2022(10):5.

第二章

新时代推动共同富裕的理论基础

共同富裕作为社会主义的本质特征和必然要求,是中国共产党和中国人民矢志不渝的追求。在新发展阶段,我国建成了全面小康社会,站在新的历史起点上,实现全面建设社会主义现代化强国,寻求全体人民共同富裕成为中国共产党和中国人民新的奋斗目标。新时代扎实推动共同富裕,科学部署推进共同富裕的战略目标,系统谋划推动共同富裕的战略举措,需要对共同富裕理论进行深入思考,需要探源经典马克思主义对共同富裕理论的基本观点,回溯新中国成立以来,中国共产党在探索寻求共同富裕道路上的思想认识和经验总结。这些都将作为新时代推动共同富裕的理论基础,为更好地推动全体人民共同富裕提供思想源泉。

第一节 经典马克思主义共同富裕理论

马克思主义在分析资本主义生产关系及其运行规律的基础上,揭示了资本主义积累一般规律,认为社会主义是历史发展的必然趋势,只有社会主义代替了资本主义,生产力才能摆脱生产关系的束缚,人的全面自由发展才能成为可能,共同富裕才能实现。马克思恩格斯等经典作家对共同富裕的理论论述为当前进一步推动全体人民共同富裕、实现人的全面发展提供了思想基础。

一、共同富裕是人的自由全面发展的必然要求

马克思恩格斯运用唯物史观方法,揭示了实现共同富裕与人的自由全面发展之间存在着密切的关联。只有实现了生产力极大发展和共同富裕,人的自由全面发展才具有实现的可能性,而人的自由全面发展则是不断推进共同富裕的价值追求。马克思主义正是将追求实现人的自由全面发展作为最终追求,并将其作为未来社会的基本特征,这本身也包含了实现共同富裕的内容。马克思恩格斯在《共产党宣言》中指出,"代替那存在着阶级和阶级对立的资产阶级旧社会的,将是这样一个联合体,在那里,每个人的自由发展是一切人的自由发展的条件"①。这意味着,在未来社会的自由人联合体中,每个人都能够摆脱人对自然的依赖、人对物的依赖、人对资本的依赖,从而实现人的自由全面发展。

马克思通过批判资本主义私有制条件下的异化劳动,揭示了人的全面发展才是作为完整的人的本质。他在《1844年经济学哲学手稿》中指出,人的全面发展是"人以一种全面的方式,也就是说,作为一个完整的人,占有自己的全面的本质"②。这种人的本质既包括人的自由自觉的劳动,也就是实践活动能力,也包括一切社会关系的总和,甚至还包括了人的个性等不同层面的内容。简单而言,马克思所提出的人的全面发展包含了丰富的内容,内含人的劳动和活动能力、社会关系、自由个性等方面的全面发展。"自由而有意识的活动恰恰就是人类的特性,有意识的生命活动把人同动物的生命活动直接区别开来。"③人的劳动活动的全面发展,就是要破除劳动的异化,保持劳动形式的丰富和多样,获得人对自身本质的全面占有。人的劳动能力的全面发展,除了体力、智力和从事社会生产能力提升和发展之外,还包括道德修养和审美能力都得到充分的发展。与此同时,人的社会联系和交往也得到了发展。社会关系实际上决定着一个人能够发展到什么程度,只有扩大交往范围、加强社会联系并进行普遍交往才能实现人的社会关系的全面发展。在未来的共产主义社会,人的自由全面发展意味着全体社会成员的平等的发展,并且能够形成社会发展与个人发展的统一,每个人自由发展成为一切人自由发展的条件。

人的自由全面发展建立在对资本主义生产关系变革的基础上,在未来社会条

---

① 马克思恩格斯选集(第1卷)[M].北京:人民出版社,2012:422.
② 马克思恩格斯文集(第1卷)[M].北京:人民出版社,2009:189.
③ 马克思恩格斯文集(第1卷)[M].北京:人民出版社,2009:162.

件下,"随着社会生产的无政府状态的消失,国家的政治权威也将消失。人终于成为自己的社会结合的主人,从而也就成为自然界的主人,成为自身的主人——自由的人"①。人在成为自由人的同时,整个社会的发展成果也将由全体人民共同享有,物质上共同富裕也就成为必然趋势。恩格斯在《共产主义原理》中对共产主义社会中的这一景象有过清晰的描绘:"由社会全体成员组成的共同联合体来共同地有计划地利用生产力;把生产力发展到能够满足所有人的需要的规模;……通过教育、变换工种、所有人共同享受大家创造出来的福利,通过城乡融合,使社会全体成员的才能得到全面发展。"②

显然,马克思在《1844年经济学哲学手稿》中对人的自由全面发展的阐释,不仅强调物质层面,而且包含了精神层面的内容,特别是人的精神生产能力以及社会交往和审美能力等方面。马克思、恩格斯在《德意志意识形态》中曾经形象地设想了未来社会的场景:"社会调节着整个生产,因而使我有可能随自己的兴趣今天干这事,明天干那事,上午打猎,下午捕鱼,傍晚从事畜牧,晚饭后从事批判,这样就不会使我老是一个猎人、渔夫、牧人或批判者。"③到那时,全体社会成员共同享有社会财富,实现了共同富裕,这时劳动不再是一种谋生的手段,而是从事物质和精神文化创造及人的自由全面发展。

因此,在社会主义取代资本主义、生产资料公有制取代私有制、人的自由全面发展取代异化劳动成为人类社会演进的必然趋势,全体人民共同富裕的实现也就成为这一趋势的必然要求。

二、生产力高度发达是实现共同富裕的物质基础

生产力是劳动者利用生产资料生产物质资料的能力,物质资料生产作为人类社会存在和发展的前提和基础,是人类社会一切活动的出发点。马克思和恩格斯在《德意志意识形态》中指出,人类生产和发展的第一个前提就是人类必须能够生活。"但是为了生活,首先就需要吃喝住穿以及其他一些东西。因此第一个历史活动就是生产满足这些需要的资料,即生产物质生活本身,……这是一切历史的基本

---

① 马克思恩格斯选集(第3卷)[M].北京:人民出版社,2012:817.
② 马克思恩格斯文集(第1卷)[M].北京:人民出版社,2009:689.
③ 马克思恩格斯文集(第1卷)[M].北京:人民出版社,2009:537.

条件。"①马克思的《政治经济学批判》序言第一段话就强调,"摆在面前的对象,首先是物质生产"②。由此可见,马克思和恩格斯都强调将物质资料生产作为人类社会存在和发展的基础,认为只有首先满足人们对物质资料的基本生活需要,在此基础上才可能从事文化、政治、宗教等精神活动。显然,在物质生产力还十分低下的社会发展阶段,没有剩余,只能维持基本生活需要或者连基本生活需要都无法满足的情况下,共同富裕就无从谈起。从这个意义上来说,人类社会存在和发展,首先要处理人与自然的关系,将自然力量转化为物质生产能力,创造出更多的物质生产资料。

生产力与生产关系的原理正是基于这一基本事实,阐明了人类社会的发展进步,始终朝着如何提高社会生产力水平、增进社会财富的方向努力,通过对生产关系的变革加速生产力的发展。因此,物质生产力形成了社会生产关系变革的根本动力,构成了社会发展进步的根本力量。评判生产关系的进步性在于是否推动了生产力的发展,而物质生产力的发展水平也是衡量共同富裕实现状况的标准。在原始社会,物质生产力水平低下,人类以原始部落的形态群居,仅能维持部落群体低水平的生活,没有用于改善生活条件的剩余产品。随着物质生产力的发展,剩余生产成为可能,社会分工也逐渐发展,交换开始出现。人类社会经历奴隶社会和封建社会之后,当剩余产品越来越丰富,商品交换成为社会生产的基本形式,资本主义的生产方式随之诞生。从物质生产力发展的角度来看,资本主义生产方式具有进步性,"资产阶级在它的不到一百年的阶级统治中所创造的生产力,比过去一切世代创造的全部生产力还要多,还要大"③。这些都为人类实现富裕创造了物质基础。资本主义国家可以通过剩余价值和财富的再分配、实行福利制度,将发展成果惠及普通社会群体,改善民众的生活条件,一定程度上有利于缩小贫富差距。因此,马克思恩格斯认为,资本主义生产方式下生产力的巨大发展为最终实现共产主义和全体人民的共同富裕创造了物质基础和前提。恩格斯在《论住宅问题》一文中,对蒲鲁东主义的工业和科技革命"祸害论"的错误观点进行了批判,认为劳动生产力的提高依赖于工业革命和科技发展,这种物质生产力的提高为社会进步和社会成员物质文化的满足创造了条件。

---

① 马克思恩格斯文集(第1卷)[M].北京:人民出版社,2009:531.
② 马克思恩格斯选集(第2卷)[M].北京:人民出版社,2012:683.
③ 马克思恩格斯文集(第2卷)[M].北京:人民出版社,2009:21.

但是，由于资本主义生产关系的性质及其根本制度缺陷，实现真正的共同富裕是做不到的。物质生产力的发展会被资本主义基本矛盾所限制，以至于只能通过变革生产关系，推动生产力的进一步发展。因此，作为代替资本主义的社会主义，是在继承了资本主义较为发达的物质生产力和科技文明成果的基础上，创造了生产力更大发展的空间。为什么取得较大生产力进步的资本主义仍然难以实现共同富裕，为什么资本主义生产力的发展还是难以改变阶级对立和阶级矛盾，从而改变贫富差距拉大的现状？恩格斯在《卡尔·马克思》中对这一问题进行了回应。他认为在生产力还不够发达的状况下，资本主义生产方式及其固有的矛盾无法得到根本消除，必然形成极少数人富裕，而大部分劳动群众却连必要的生活资料都难以得到较好满足。① "只要生产的规模还没有达到不仅可以满足所有人的需要，而且还有剩余产品去增加社会资本和进一步发展生产力，就总会有支配社会生产力的统治阶级和贫穷的被压迫阶级。"② 这就意味着，只有进入共产主义社会，阻碍生产力发展的一切障碍都被消除，社会生产力充分涌流，物质生产资料极大丰富，人们才能实现真正意义上的共同富裕。同时，马克思和恩格斯意识到共产主义社会也会存在两个发展阶段，在共产主义社会第一阶段，共同富裕还是低级的、不平等的、存在显著差异的，只有到了共产主义社会高级阶段，物质生产力的充分发展才能达到按需分配的共同富裕状态。

三、社会主义制度是实现共同富裕的制度基础

马克思和恩格斯共同富裕思想是建立在对资本主义剥削制度批判的基础之上的。其中，政治经济学巨作《资本论》通过分析资本主义经济运行规律，揭示资本主义生产关系的基本矛盾和两极分化的资本积累一般规律。在《资本论》中，马克思对资本主义积累一般规律有如下描述："社会的财富即执行职能的资本越大，它的增长的规律和能力越大，从而无产阶级的绝对数量和他们的劳动生产力越大，产业后备军也就越大。……产业后备军的相对量和财富的力量一同增长。……最后，工人阶级中贫苦阶层和产业后备军越大，官方认为需要救济的贫民也就越多。"③ 由此可见，资本主义私有制条件下资本积累的结果是，财富在少数人手里堆积，而贫

---

① 马克思恩格斯文集(第1卷)[M]. 北京：人民出版社，2009：459.
② 马克思恩格斯文集(第1卷)[M]. 北京：人民出版社，2009：684.
③ 马克思. 资本论(第1卷)[M]. 北京：人民出版社，2004：742.

困在生产财富的无产阶级手里堆积,形成两极分化。

马克思和恩格斯认为,变革资本主义生产关系的基本动力就是无产阶级,以革命的方式推翻资本主义的统治,消除资本主义生产资料私有制,代之以社会主义生产资料公有制。马克思主义政治经济学通过揭示资本主义经济关系的矛盾运动规律,认为随着生产力的发展,建立在生产资料私有制基础上的资本主义生产关系将变成阻碍其发展的根本所在。资本主义社会中的少数资本家对广大劳动者的剥削是导致这一基本矛盾存在的关键环节,而私有制是根源。只有打破资本对劳动的剥削,消灭私有制,让广大的劳动者获得解放,社会生产力才能够重新获得解放。而打破这一矛盾的根本途径就是作为劳动者的无产阶级,他们将通过"剥夺剥夺者"的革命方式推翻资产阶级的统治,建立劳动者联合起来的生产资料社会所有制。社会主义和共产主义将会通过无产阶级革命而取代资本主义,从而彻底消灭阶级对立,最终实现人的全面自由发展。在生产资料公有制的基础上,"社会的每一成员不仅有可能参加社会财富的生产,而且有可能参加社会财富的分配和管理,并通过有计划地经营全部生产,使社会生产力及其成果不断增长,足以保证每个人的一切合理的需要在越来越大程度上得到满足"①。

由此可见,在马克思和恩格斯看来,社会主义和共产主义制度对资本主义制度的替代是实现共同富裕的制度机制。

首先,无产阶级政党的领导是社会主义制度确立的基本前提,也是实现共同富裕的重要保障。对此,马克思指出:"无产阶级在反对有产阶级联合力量的斗争中,只有把自身组织成为与有产阶级建立的一切旧政党不同的、相对立的政党,才能作为一个阶级来行动。"②党的领导对社会主义政权巩固和国家建设来说同样重要,列宁指出无产阶级政党领导国家政权的必然性,强调"党是直接执政的无产阶级先锋队,是领导者"③。只有坚强有力的无产阶级先锋队才能为对资本主义经济社会秩序的变革与共同富裕的最终实现带来关键的组织保障。

其次,生产资料公有制是社会主义制度的根本标志,是实现共同富裕的根本制度前提。公有制对私有制的取代能真正化解资本主导生产与分配而导致的贫富两极分化问题,也就总体上实现了共同富裕。

最后,实行计划经济体制和采取按劳分配的分配制度是社会主义制度的基本

---

① 马克思恩格斯文集(第3卷)[M].北京:人民出版社,2009:233.
② 马克思恩格斯选集(第2卷)[M].北京:人民出版社,1995:611.
③ 列宁选集(第4卷)[M].北京:人民出版社,1995:423.

特征,与生产资料社会主义公有制有机衔接,是实现共同富裕的基本方式和重要保障。其中,计划经济体制确保国民经济能够按比例有计划地发展,从而能够避免市场经济体制所带来的盲目性和经济的无政府状态。按劳分配则确保社会主义劳动者能够平等获得劳动创造的产品,消除了由于生产资料私有制所带来收入和财富的两极分化。劳动作为劳动者获取收入的唯一依据,劳动者通过向社会提供劳动,并依据这一劳动量(包括数量和质量)从社会总产品中得到相应的份额。按劳分配与共产主义社会第一阶段相对应,到了共产主义社会的高级阶段,社会生产力高度发展,劳动不再成为谋生手段,社会财富开始充分涌流,社会分工和脑体对立的状况也不复存在,到那时,按需分配将代替按劳分配。此时,每个人的合理需求都将得到满足,不再根据劳动的多少获得收入,物质财富占有已经不是人们所追求的目标,物质共同富裕真正得到实现。与此同时,人们将会把自由时间作为自己最重要的财富,对自由的精神追求和社会交往的需要将成为每个人更高级的目标。当然,共产主义社会高级阶段的按需分配,也不是简单的平均主义,在生产力极大发展的条件下,物质需求层面完全由个人的需要多少来获取,而在人们有更多自由时间的条件下,精神需求将会呈现每个个体个性的差异,这种差异和多样化需求正是体现了人对自由的追求。

第二节 毛泽东关于共同富裕的理论

在中国共产党历史上,毛泽东最早明确地提出共同富裕,也是共同富裕的最早倡导者和积极践行者。毛泽东关于共同富裕的思想具有深厚的历史文化渊源和坚实的马克思主义理论基础,同时包含了丰富的理论内容,阐明了实现共同富裕的根本动力和主要问题,阐述了共同富裕的基本内涵与特征。毛泽东关于共同富裕的理论研究与伟大实践为改革开放后历届党中央继续深入探索共同富裕提供了宝贵的理论思考和实践借鉴。

一、生产力的解放和发展是实现共同富裕的根本动力

毛泽东关于中国在 20 世纪历史进程的总体构想是:20 世纪上半个世纪搞革命,下半个世纪搞建设。无论是搞革命还是搞建设,毛泽东都十分注重生产力的解

放和发展。毛泽东继承和发展了马克思共同富裕思想中的生产力内容,认识到解放和发展生产力对于经济社会发展的重要性,只有当生产力发展到一定水平,社会物质财富极大丰富,才能够为实现共同富裕奠定坚实物质基础。生产力若得不到充分发展,就只会面临贫穷。共同富裕的实现以"富裕"为前提,如果失去了这个前提,仅仅追求"共同",则会导致共同贫穷和贫穷的平均主义。

毛泽东关于共同富裕的理论在新民主主义革命时期开始萌芽。在这一时期,毛泽东虽然并未直接提出共同富裕,但是他对中国革命的思考中孕育着共同富裕理论的萌芽。毛泽东深刻地认识到,若无法推翻帝国主义和封建主义,生产力就无法得到发展。因此,以毛泽东为代表的中国共产党人要摧毁旧制度和旧社会,建立一个民族独立和人民解放的新制度和新社会。1921年7月,中国共产党第一个纲领明确提出:"革命军队必须与无产阶级一起推翻资本家阶级的政权,必须援助工人阶级,直到社会的阶级区分消除为止。"[①]

1944年,毛泽东强调,一切革命工作的目的就是解放生产力和推动经济发展。1945年,毛泽东提出了生产力标准:"中国一切政党的政策及其实践在中国人民中所表现的作用的好坏、大小,归根到底,看它对于中国人民的生产力的发展是否有帮助及其帮助之大小,看它是束缚生产力的,还是解放生产力的。"[②]这一标准充分肯定了发展生产力的重要性,党员干部促进生产力发展的积极性都被极大地调动起来。毛泽东紧接着指出了解放生产力的途径:"消灭日本侵略者,实行土地改革,解放农民,发展现代工业,建立独立、自由、民主、统一和富强的新中国,只有这一切,才能使中国社会生产力获得解放,才是中国人民所欢迎的。"[③]中国共产党领导人民推翻了帝国主义、封建主义、官僚资本主义三座大山,为共同富裕奠定了坚实基础。

新中国成立以后一穷二白,物质基础差,经济水平低,新生政权面临着资本主义的威胁,毛泽东将恢复和发展国民经济作为重中之重。他强调发展生产力的重要性,认为生产力发展水平决定经济发展水平和人民富裕程度,生产力不能缓慢增长,而要快速增长。1956年,毛泽东强调解放和发展生产力的重要性:"社会主义革

---

① 中共中央文献研究室,中央档案馆编.建党以来重要文献选编(1921—1949)(第1册)[M].北京:中央文献出版社,2011:1.
② 毛泽东选集(第3卷)[M].北京:人民出版社,1991:1079.
③ 毛泽东选集(第3卷)[M].北京:人民出版社,1991:1079.

命的目的是为了解放生产力。"①1957年,毛泽东进一步明确:"我们的根本任务已经由解放生产力变为在新的生产关系下面保护和发展生产力。"②

毛泽东深刻认识到发展工业化的重要性,将发展工业化作为生产力发展的重要途径。1944年5月,毛泽东提出:"要打倒日本帝国主义,必需有工业;要中国的民族独立有巩固的保障,就必需工业化。我们共产党是要努力于中国的工业化的。中国落后的原因,主要的是没有新式工业。"③"如果我们不能解决经济问题,如果我们不能建立新式工业,如果我们不能发展生产力,老百姓就不一定拥护我们。"④毛泽东还指出,中国的工业化应当走社会主义工业化道路,绝不能走西方的路。从这些关于工业化的论述可以看出,毛泽东十分重视通过发展工业化来促进生产力发展,从而实现国家富强和人民富裕。

毛泽东清楚地认识到工业化是实现现代化的重要前提和保障。1954年,毛泽东提出:"准备在几个五年计划之内,将我们现在这样一个经济上文化上落后的国家,建设成为一个工业化的具有高度现代文化程度的伟大的国家。"⑤毛泽东在读苏联政治经济学教科书的过程中,第一次提出了"四个现代化"的概念,他指出:"建设社会主义,原来要求是工业现代化,农业现代化,科学文化现代化,现在要加上国防现代化。"⑥1964年,根据毛泽东的提议,四个现代化明确表述为"农业、工业、国防和科学技术的现代化"。实现"四个现代化"的宏伟蓝图鼓舞中国人民为国家富强和人民富裕不断奋斗。

二、农民问题是实现共同富裕要关注的主要问题

农民占中国人口的绝大多数,国家主体部分由农民组成,所以农民问题是中国的主要问题,也是毛泽东尤为关注的问题。毛泽东提出的共同富裕的理论针对的主要群体是农民。毛泽东指出,世界上吃饭问题最大,粮食问题主要由农民解决,因此中国社会中农民问题最大。"如果我们没有新东西给农民,不能帮助农民提高生产力,增加收入,共同富裕起来,那些穷的就不相信我们,他们会觉得跟共产党走

---

① 毛泽东文集(第7卷)[M].北京:人民出版社,1999:1.
② 毛泽东文集(第7卷)[M].北京:人民出版社,1999:218.
③ 毛泽东文集(第3卷)[M].北京:人民出版社,1996:146.
④ 毛泽东文集(第3卷)[M].北京:人民出版社,1996:147.
⑤ 毛泽东文集(第6卷)[M].北京:人民出版社,1999:350.
⑥ 毛泽东文集(第8卷)[M].北京:人民出版社,1999:116.

没有意思。"①

毛泽东认为,土地问题是农民问题的实质,农民只有拥有土地才能够获得解放。毛泽东带领人民进行土地革命,"打土豪,分田地",贯彻"耕者有其田",调整土地所有关系,将没收的土地分给农民,极大调动起广大农民群众的生产积极性。新中国成立后,毛泽东领导的土地改革将存在两千多年的封建土地制度彻底摧毁,农民重新拥有了土地、牲畜、农具等生产资料进行农业生产。但是,有的家庭依旧存在生产资料或劳动力不足的难题。毛泽东提出发展互助合作来解决这一问题:"个体农民,增产有限,必须发展互助合作。"②农业上的互助合作能够解决农民分散经营所面临的问题,扩大农业生产规模,同时为工业发展提供商品粮食和原料作物,巩固工农联盟。农民只有发展互助合作运动才能发挥出集体的力量,克服在单干情况下的困难,从而提高劳动效率和农业产量,有利于较快地实现共同富裕。

此外,农村中出现的土地买卖现象令毛泽东担忧资本主义所有制和个体农民所有制会导致新的土地集中以及两极分化。毛泽东对这一现象做出了深刻的分析:"在最近几年中间,农村中的资本主义自发势力一天一天地在发展,新富农已经到处出现,许多富裕中农力求把自己变为富农。许多贫农,则因为生产资料不足,仍然处于贫困地位,有些人欠了债,有些人出卖土地,或者出租土地。这种情况如果让它发展下去,农村中向两极分化的现象必然一天一天地严重起来。"③为了解决这一问题,毛泽东指出必须实行农业合作化以防止农村阶级分化,实现农民共同富裕。1955年7月,毛泽东明确指出要通过实行合作化实现共同富裕:"在逐步地实现社会主义工业化和逐步地实现对于手工业、对于资本主义工商业的社会主义改造的同时,逐步地实现对于整个农业的社会主义的改造,即实行合作化,在农村中消灭富农经济制度和个体经济制度,使全体农村人民共同富裕起来。"④毛泽东把农民分为地主、富农、中农、贫农和雇农五个阶级。1955年,毛泽东针对地主的问题提出,在一定时期剥夺地主的政治权利,改变成分后才可以加入合作社,"以后要同大家一起共同富裕起来"⑤。

毛泽东非常重视合作化,认为这是共同富裕的必由之路。1934年,毛泽东在论

---

① 中共中央文献研究室编.建国以来重要文献选编(第7册)[M].北京:中央文献出版社,1993:308.
② 毛泽东文集(第6卷)[M].北京:人民出版社,1999:299.
③ 毛泽东文集(第6卷)[M].北京:人民出版社,1999:437.
④ 毛泽东文集(第6卷)[M].北京:人民出版社,1999:437.
⑤ 毛泽东文集(第6卷)[M].北京:人民出版社,1999:490.

述经济政策时指出:"合作社经济和国营经济配合起来,经过长期的发展,将成为经济方面的巨大力量,将对私人经济逐渐占优势并取得领导的地位。"①毛泽东在1943年进一步强调了合作社的重要性,提出了要通过农业生产合作社、综合性合作社、运输合作社以及手工业合作社这四种合作社以及部队机关学校集体劳动的合作社,把群众的力量组织起来,"这是人民群众得到解放的必由之路,由穷苦变富裕的必由之路,也是抗战胜利的必由之路"②。

三、共同富裕既反对平均主义又反对过分悬殊

共同富裕并不等于平均主义。毛泽东区分了共同富裕与平均主义,指出平均主义否认了按劳分配的原则,劳动者的积极性无法得到充分发挥。毛泽东号召人民尽自己所能参加劳动:"不劳动的不得食!""各尽所能,各取所值!"③1959年2月,毛泽东对平均主义倾向做出批评:"所谓平均主义倾向,即是否认各个生产队和各个个人的收入应当有所差别。而否认这种差别,就是否认按劳分配、多劳多得的社会主义原则。"④"公社在统一决定分配的时候,要承认队和队、社员和社员的收入有合理的差别,穷队和富队的伙食和工资应当有所不同。工资应当实行死级活评。"⑤1961年3月,毛泽东针对平均主义倾向提出了两个需要解决的很重要的问题:"一是生产队与生产队之间的平均主义;一是生产队内部人与人之间的平均主义。这两个问题不解决好,就没有可能充分地调动群众的积极性。"⑥

但是,反对平均主义不能过头,否则就会造成过分悬殊。毛泽东认为,劳动者之间的差别是有限的,并且随着经济发展和文化水平的普遍提升,差别将会不断缩小。所以,无视实际情况而随意扩大报酬差别的行为既违反了按劳分配的原则,也严重削弱了劳动者的积极性。毛泽东指出:"反对平均主义,是正确的;反过头了,会发生个人主义。过分悬殊也是不对的。我们的提法是既反对平均主义,也反对过分悬殊。"⑦毛泽东不仅关注到了农民之间的贫富差距问题,而且关注到了经济发

---

① 毛泽东选集(第1卷)[M].北京:人民出版社,1991:134.
② 毛泽东选集(第3卷)[M].北京:人民出版社,1991:932.
③ 毛泽东文集(第1卷)[M].北京:人民出版社,1993:7.
④ 毛泽东文集(第8卷)[M].北京:人民出版社,1999:11.
⑤ 毛泽东文集(第8卷)[M].北京:人民出版社,1999:11—12.
⑥ 毛泽东文集(第8卷)[M].北京:人民出版社,1999:252.
⑦ 毛泽东文集(第8卷)[M].北京:人民出版社,1999:130.

展过程中由于历史、地理等多方因素导致的其他群体之间生活水平上存在的差距。例如,针对少数民族地区和汉族地区的共同富裕问题,毛泽东指出必须实现少数民族地区与汉族地区人民的共同富裕:"现在,我们帮助少数民族很少,有些地方还没有帮助,而少数民族倒是帮助了汉族。有些少数民族,需要我们先去帮助他们,然后他们才能帮助我们。"[①]

四、共同富裕具有内容的丰富性和实现的阶段性

共同富裕不仅包括物质生活富裕,而且包括精神生活富有。1951年8月,毛泽东指出:"每一个活人都要生活,既要过物质生活,还要过文化生活。"[②]因此毛泽东非常重视文化教育事业,经常将文化教育事业与经济建设事业并提。他非常重视扫盲,提出建立各类职业技术学校。毛泽东十分强调精神作用,认为马克思列宁主义是实现共同富裕过程中的精神引领,他指出:"自从中国人学会了马克思列宁主义以后,中国人在精神上就由被动转入主动。"[③]毛泽东认为,在社会主义建设过程中不能只讲物质利益而忽视了精神作用,"社会主义社会要有'物质鼓励'和'精神鼓励'"[④],"强调物质刺激,一定会走向自己的反面"[⑤],应追求物质富有和精神富裕的有机统一。毛泽东说:"搞共产主义,第一个条件是产品要多,第二个条件是精神要好,就是要共产主义的精神。"[⑥]"要把精神多搞一点,艰苦奋斗多搞一点。"[⑦]在毛泽东看来,思想工作和政治工作是完成经济工作和技术工作的保证,他强调:"提高劳动生产率,一靠物质技术,二靠文化教育,三靠政治思想工作。后两者都是精神作用。"[⑧]毛泽东主张在各工业部门和企业设立政治部,为社会生产和经济发展提供思想支撑。毛泽东批评了只讲个人利益而不讲国家利益和集体利益是一种"最近视的个人主义",还批评了赫鲁晓夫片面强调物质刺激和个人利益、忽视思想政治工作和集体利益的修正主义利益观。他认为苏联教科书关于产品分配问题应当换

---

① 毛泽东文集(第6卷)[M].北京:人民出版社,1999:405.
② 中共中央文献研究室编.毛泽东年谱(1949—1976)(第1卷)[M].北京:中央文献出版社,2013:383.
③ 毛泽东选集(第4卷)[M].北京:人民出版社,1991:1516.
④ 毛泽东读社会主义政治经济学批注和谈话[M].北京:中华人民共和国国史学会,1998:427.
⑤ 毛泽东读社会主义政治经济学批注和谈话[M].北京:中华人民共和国国史学会,1998:576.
⑥ 中共中央文献研究室编.毛泽东年谱(1949—1976)(第3卷)[M].北京:中央文献出版社,2013:426.
⑦ 中共中央文献研究室编.毛泽东年谱(1949—1976)(第3卷)[M].北京:中央文献出版社,2013:284.
⑧ 毛泽东文集(第8卷)[M].北京:人民出版社,1999:124-125.

一种写法:"应当强调艰苦奋斗,强调扩大再生产,强调共产主义前途、远景,要用共产主义理想教育人民。要强调个人利益服从集体利益,局部利益服从整体利益,眼前利益服从长远利益。要讲兼顾国家、集体和个人,把国家利益、集体利益放在第一位,不能把个人利益放在第一位。"①

共同富裕的实现是一个长期的和渐进的过程,需要在较长时间内分阶段完成。1957年3月,毛泽东提出了对一百年分四步走的设想:"把我们的国家建设好要多少年呢?我看大概要一百年吧。要分几步来走:大概有十几年会稍微好一点;有个二三十年就更好一点;有个五十年可以勉强像个样子;有一百年那就了不起,就和现在大不相同了。"②毛泽东认为社会主义可能分为两个阶段:"第一个阶段是不发达的社会主义,第二个阶段是比较发达的社会主义。后一阶段可能比前一阶段需要更长的时间。经过后一阶段,到了物质产品、精神财富都极为丰富和人们的共产主义觉悟极大提高的时候,就可以进入共产主义社会了。"③在"大跃进"和人民公社化运动之后,毛泽东尤其深刻地认识到共同富裕的实现是一个渐进的长期的过程,不可一蹴而就,既等不得也急不得。1961年,毛泽东指出:"现在看来,搞社会主义建设不要那么十分急。十分急了办不成事,越急就越办不成,不如缓一点,波浪式地向前发展。"④毛泽东在1962年进一步指出:"中国的人口多、底子薄,经济落后,要使生产力很大地发展起来,要赶上和超过世界上最先进的资本主义国家,没有一百多年的时间,我看是不行的。"⑤

第三节　中国特色社会主义共同富裕理论

十一届三中全会开启了改革开放新局面,开创了中国特色社会主义。基于对我国基本国情的准确判断,我们党始终坚持以经济建设为中心,不断解放和发展生产力,提高人民的物质和文化生活水平。坚持马克思主义立场、观点和方法,以马克思主义和毛泽东思想关于共同富裕理论与核心观点为基础,结合改革开放以来

---

① 毛泽东读社会主义政治经济学批注和谈话[M].北京:中华人民共和国国史学会,1998:807.
② 逄先知、金冲及主编.毛泽东传(1949—1976)(上册)[M].北京:中央文献出版社,2003:648.
③ 毛泽东文集(第8卷)[M].北京:人民出版社,1999:116.
④ 毛泽东文集(第8卷)[M].北京:人民出版社,1999:236.
⑤ 毛泽东文集(第8卷)[M].北京:人民出版社,1999:302.

开展社会主义现代化建设的丰富实践,不断深化共同富裕的理论认识和思想内涵,形成中国特色社会主义共同富裕理论。

一、共同富裕是社会主义的根本原则和优越性体现

改革开放之后,我国逐渐把党的工作重心转移到经济建设上,逐渐改变了过去经济社会"不患寡而患不均"的平均主义思想和制度。邓小平基于国家经济社会发展现状和对平均主义的深刻剖析,鲜明指出:"我们坚持走社会主义道路,根本目标是实现共同富裕,然而平均发展是不可能的。过去搞平均主义,吃'大锅饭',实际上是共同落后,共同贫穷,我们就是吃了这个亏。改革首先要打破平均主义,打破'大锅饭',现在看来这个路子是对的。"[1]在改革开放过程中,邓小平始终强调要打破平均主义的思想枷锁,以共同富裕目标实现对其的历史超越。

共同富裕是社会主义的根本原则,这是以邓小平同志为核心的党中央在总结历史经验教训的基础上,根据党情、国情、世情发展变化的时代特点,提出的科学论断。邓小平多次强调:"社会主义原则,第一是发展生产,第二是共同致富。"[2]"一个公有制占主体,一个共同富裕,这是我们所必须坚持的社会主义的根本原则。我们就是要坚决执行和实现这些社会主义的原则。"[3]"共同富裕是社会主义制度不能动摇的原则。"[4]江泽民也多次强调"实现共同富裕是社会主义的根本原则和本质特征,绝不能动摇"[5]。"各个地区最终都要达到共同繁荣,共同富裕。这是我们社会主义制度的要求。"[6]"我们社会主义制度是以公有制为基础的,是共同富裕。"[7]邓小平把以公有制为主体和共同富裕客观判断为社会主义的根本原则,实则是强调了公有制为主体对于实现共同富裕的根本性意义。

共同富裕之所以能够作为社会主义的根本原则,实质在于其构成了社会主义制度区别和超越资本主义制度的重要标识与比较优势。邓小平指出:"社会主义最

---

[1] 邓小平文选(第3卷)[M].北京:人民出版社,1993:155.
[2] 邓小平文选(第3卷)[M].北京:人民出版社,1993:171.
[3] 邓小平文选(第3卷)[M].北京:人民出版社,1993:111.
[4] 邓小平年谱1975—1997(下)[M].北京:中央文献出版社,2004:1253.
[5] 江泽民文选(第1卷)[M].北京:人民出版社,2006:466.
[6] 中共中央文献研究室.江泽民论有中国特色社会主义(专题摘编)[M].北京:中央文献出版社,2002:171.
[7] 邓小平文选(第3卷)[M].北京:人民出版社,1993:216.

大的优越性就是共同富裕,这是体现社会主义本质的一个东西。"①这种优越性不仅表现在其顺应历史发展潮流,而且表现在其超越以资本逻辑为核心的制度要素,准确把握中国社会主义初级阶段基本国情。中国"如果走资本主义道路,可能在某些局部地区少数人更快地富起来,形成一个新的资产阶级,产生一批百万富翁,但顶多也不会达到人口的百分之一,而大量的人仍然摆脱不了贫穷,甚至连温饱问题都不可能解决。只有社会主义制度才能从根本上解决摆脱贫穷的问题"②。邓小平的警示得到了历史和现实的印证,不论是从资本主义发展的几百年历史进程来看,还是就当代资本主义社会发展现状来看,资本主义制度内在的矛盾运动必然带来社会两极分化的结果,从而无法消除资产阶级社会的贫富悬殊难题。因此,对中国来说,"只有搞社会主义,实现共同富裕,社会才能稳定,才能发展"③。"只有社会主义,才能有凝聚力,才能解决大家的困难,才能避免两极分化,逐步实现共同富裕。"④共同富裕是马克思主义实践逻辑演进的奋斗目标,在与中国特色社会主义实践的结合过程中,既继承科学社会主义的实践基因,又兼容中国民族特色,形成了具有科学性的实践优势。

二、坚持四项基本原则是实现共同富裕的根本保证

作为我国社会主义的基本准则,四项基本原则是我国的立国之本、政治之基,是党和国家事业得以不断发展的制度基础,正如邓小平所强调的,"离开坚持四项基本原则,就没有根,没有方向"⑤。其中,坚持社会主义道路和制度,坚持党的领导等原则,为确保党的各项工作推动经济社会遵循共同富裕的发展方向,实现全体人民共同富裕提供了根本保证。

坚持社会主义道路实质就是坚持社会主义制度,这是实现全体人民共同富裕的根本保证和制度根基。其中,生产资料所有制是社会基本经济制度的基础与核心。改革开放后,我国逐渐调整了单一公有制的所有制关系,在坚持公有制为主体的基础上,发展了包括个体、私营和外资等多种所有制经济的所有制结构,在确保

---

① 邓小平文选(第3卷)[M].北京:人民出版社,1993:364.
② 邓小平文选(第3卷)[M].北京:人民出版社,1993:207—208.
③ 邓小平年谱1975—1997(下)[M].北京:中央文献出版社,2004:1312.
④ 邓小平文选(第3卷)[M].北京:人民出版社,1993:357.
⑤ 邓小平文选(第2卷)[M].北京:人民出版社,1994:278.

公有制主体地位的同时,区分了公有制和公有制的实现形式,不断探索和创新公有制的多种实现形式。邓小平在改革开放初期就指出:"有计划地利用外资,发展一部分个体经济,都是服从于发展社会主义经济这个总要求的。鼓励一部分地区、一部分人先富裕起来,也正是为了带动越来越多的人富裕起来,达到共同富裕的目的。"①各种所有制经济的共同发展,为探索更多社会资源用于提高生产力发展提供了更多的可能性,拓宽了实现共同富裕的制度基础,也为发展社会主义市场经济奠定了客观条件。分配制度也构成社会主义经济制度的重要内容,改革开放后,与所有制关系变动同步的,在坚持按劳分配为主体的基础上,我国逐渐确立了多种分配方式并存的分配制度。其中按劳分配原则作为社会主义分配制度的基本原则,有利于消除贫富两极分化。正如邓小平所指出的,"坚持社会主义,实行按劳分配的原则,就不会产生贫富过大的差距,再过二十年、三十年,我国生产力发展起来了,也不会两极分化"②。因此,按劳分配充分彰显了社会主义生产关系的内在逻辑,使得共同富裕的制度基础得以巩固。允许多种分配方式并存有利于激发各个要素的活力,与社会主义市场经济体制所要求的分配制度相适应。总之,坚持社会主义基本分配制度,坚持按劳分配为主体,同时允许多种分配方式并存,注重收入分配调节中恪守"效率优先、兼顾公平"③的价值准则,有利于为生产要素的使用者和供给者都增加了致富渠道。

　　坚持中国共产党领导是实现共同富裕的政治基础。党的领导地位的确立,不是与生俱来的,是人民的选择、时代的选择。一方面是由我们党的性质和宗旨所决定的,中国共产党是无产阶级的先锋队,代表了先进阶级和先进生产力的前进方向,是全心全意为人民服务的政党;另一方面更是在中国革命和建设的长期历史实践过程中逐步形成的。党的领导在革命和建设中取得巨大成就,在现代化建设和共同富裕的实践中也是处在关键地位。首先,推进和实现共同富裕需要的稳定发展离不开党的领导。邓小平指出:"共产党的领导,这个丢不得,一丢就是动乱局面,或者是不稳定状态。一旦不稳定甚至动乱,什么建设也搞不成。"④中国是一个人口大国,我国的共同富裕是要实现全体人民的共同富裕,需要团结和统一十几亿人的思想和力量,推进实现共同富裕,就需要有一个坚强的领导核心。如果没有党

---

① 邓小平文选(第1卷)[M].北京:人民出版社,1994:142.
② 邓小平文选(第3卷)[M].北京:人民出版社,1993:64.
③ 江泽民文选(第1卷)[M].北京:人民出版社,2006:469.
④ 邓小平文选(第3卷)[M].北京:人民出版社,1993:252.

的领导,共同富裕的事业要取得成功是很难想象的。其次,在邓小平看来,党的领导不仅是一个要不要的问题,而且有一个能不能的问题,也就是领导资格的问题。党领导人民取得了革命胜利并建立了新中国,确立了社会主义制度并开展了社会主义建设,在革命和建设事业中取得了巨大成就。改革开放后,在党的领导下,我国经济社会发展和各项事业都取得了更大的成绩,这些事实充分证明了中国共产党不仅有资格领导共同富裕事业,而且有能力推动共同富裕的发展。邓小平、江泽民、胡锦涛等党和国家领导人先后提出要改善党的组织状况,改善党的领导工作状况,完善党的领导制度等,为在新时期实现共同富裕提供了坚强保障。

三、解放和发展生产力是实现共同富裕的首要前提

改革开放后,邓小平坚持运用唯物史观的方法论原则来指导发展社会生产力,对我国基本国情做出科学判断,指出我国还处在社会主义初级阶段,提出在社会主义初级阶段的主要矛盾是人民日益增长的物质文化需要与落后的社会生产之间的矛盾,认为要解决这一主要矛盾,需要解放和发展生产力,消除生产落后的状况,生产力水平的提高必然带来人民日益增长的物质文化需要的满足,由此将解决和发展生产力作为我国社会主义初级阶段的根本任务。正如邓小平所指出的,"正确的政治领导的成果,归根结底要表现在社会生产力的发展上,人民物质文化生活的改善上"[1]。"我们革命的目的就是解放生产力,发展生产力。离开了生产力的发展、国家的富强、人民生活的改善,革命就是空的。"可见,社会生产力的发展成果究其根源要表现在人民群众是否逐步迈向共同富裕。

同时,邓小平根据马克思主义关于人类社会发展规律,把生产力发达程度作为区分共产主义和社会主义两个发展阶段的主要标识。他认为,"落后国家建设社会主义,在开始的一段很长时间内生产力水平不如发达的资本主义国家,不可能完全消灭贫穷。所以,社会主义必须大力发展生产力,逐步消灭贫穷,不断提高人民的生活水平"[2]。"到了第二阶段,即共产主义高级阶段,经济高度发展了,物资极大丰富了,才能做到各尽所能,按需分配。"[3]在这里,邓小平将生产力水平作为参考标准,科学分析了两阶段的辩证关系,强调生产力要素对调节分配关系的决定性作

---

[1] 邓小平文选(第2卷)[M].北京:人民出版社,1994:128.
[2] 邓小平文选(第3卷)[M].北京:人民出版社,1993:10.
[3] 邓小平文选(第3卷)[M].北京:人民出版社,1993:10.

用。只有当生产力发展到一定阶段,才能使共同富裕成为可能。对此,邓小平将生产力发展和共同富裕的实现作为社会主义本质的主要方面,认为"社会主义的本质,是解放生产力,发展生产力,消灭剥削,消除两极分化,最终达到共同富裕"①。

在邓小平对社会主义本质认识的基础上,江泽民坚持把发展生产力作为中国特色社会主义建设的根本任务,提出党的各项工作要以不断推动社会生产力的解放和发展作为内在要求,特别是先进生产力发展的要求,最终通过生产力来满足人民对物质文化的需要,提高人民群众的生活水平。在"三个代表"重要思想的核心内容中,将"中国共产党要始终代表中国先进生产力的发展要求"②放在首位,并将提高人民的利益作为发展生产力的出发点和落脚点,指出"在整个社会生产和建设发展的基础上,不断使全体人民得到并日益增加看得见的利益,始终是我们中国共产党人的神圣职责"③。以此强调先进生产力的发展对于实现共同富裕的基础性作用。对此,胡锦涛也强调指出:"只有实现又快又好的发展,我们才能更好地促进经济社会协调发展,才能形成更完善的分配关系和社会保障体系,才能创造更多就业机会,才能不断满足人民群众多方面的需求。"④在实际工作中,要把生产力发展与人民群众的需要结合起来,特别是要注重科学技术的作用,"要坚持把科技摆在优先发展的战略位置,把科技进步和国家发展战略、经济社会发展目标、人民日益增长的物质文化需要紧密结合起来"⑤。

四、"先富带后富"的共同富裕战略步骤理论

党的十一届三中全会以后,邓小平深入思考如何从中国具体国情出发推进社会主义现代化和实现共同富裕,用代表富裕程度的"小康"来阐释"中国式的现代化",在此基础上,逐步形成了"三步走"的"台阶式"发展战略,最终实现社会主义现代化目标。与"三步走"发展战略相匹配,邓小平提出了"先富带后富"的共同富裕战略步骤思想。"先富带后富"的思想强调在共同富裕的大原则基础上,先让一部分人、一部分地区富起来。这指明了"先富"是第一步,第二步是让先富起来的人和

---

① 邓小平文选(第3卷)[M].北京:人民出版社,1993:373.
② 江泽民文选(第3卷)[M].北京:人民出版社,2006:536.
③ 江泽民文选(第3卷)[M].北京:人民出版社,2006:122.
④ 胡锦涛文选(第2卷)[M].北京:人民出版社,2016:287.
⑤ 胡锦涛文选(第3卷)[M].北京:人民出版社,2016:599.

地区带动后富的人和地区,最后要实现共同富裕。这也意味着,共同富裕不是同等速度或者同步富裕,是全体成员在共同富裕的道路上必然会出现有先有后、有快有慢的不同。"我们提倡一部分地区先富裕起来,是为了激励和带动其他地区也富裕起来,并且使先富裕起来的地区帮助落后的地区更好地发展。提倡人民中有一部分人先富裕起来,也是同样的道理。"①

在地区"先富带后富"的问题上,邓小平深入思考并提出"两个大局"战略思想,强调让沿海地区先发展起来,而后通过带动效应使得内陆地区实现更好的发展。"内地要顾全这个大局。反过来,发展到一定的时候,又要求沿海拿出更多力量来帮助内地发展,这也是个大局。那时沿海也要服从这个大局。"②在具体如何实现先富带后富的问题上,邓小平提出先富地区可以通过税收和技术转让等方式带动后富地区的发展。邓小平指出:"现在有些地区,允许早一点、快一点发展起来,但是到一定程度,国内也好,地区也好,集体也好,就要调节分配,调节税要管这个。"③"沿海如何帮助内地,这是一个大问题。可以由沿海一个省包内地一个省或两个省,也不要一下子负担太重,开始时可以做某些技术转让。"④邓小平特别强调大局观,认为要从大局处理先富、后富和共富的关系,在发展过程中要允许不平衡、承认不平衡,这是事物发展的必然过程,但同时不能忽视不平衡的问题,更要关注和解决从不平衡逐步转向平衡的问题,最终实现共同富裕。对于什么时候开始考虑先富带后富,他认为应认真研究这一问题,并设想了等到中国实现小康水平后需要考虑解决。

在一部分地区和一部分人先富起来之后,就需要解决收入分配差距的问题。对此江泽民提出要以"保护合法收入,取缔非法收入,调节过高收入,保障低收入者的基本生活"⑤为原则,通过宏观调控提升发展的协调性与分配的公平度,形成"两头小、中间大"的分配格局,以逐步接近共同富裕的发展目标。在处理地区间不平衡的问题时,指出"逐步缩小地区之间的发展差距,实现全国经济社会协调发展,最终达到全体人民共同富裕,是社会主义的本质要求"⑥。按照有先有后,"先富带后富"的步骤逐步达到共同富裕,是基于实现共同富裕的长期性以及中国经济建设任

---

① 邓小平文选(第3卷)[M].北京:人民出版社,1993:111.
② 邓小平文选(第3卷)[M].北京:人民出版社,1993:278.
③ 邓小平年谱1975—1997(下)[M].北京:中央文献出版社,2004:1317.
④ 邓小平文选(第3卷)[M].北京:人民出版社,1993:364.
⑤ 江泽民文选(第1卷)[M].北京:人民出版社,2006:470.
⑥ 江泽民文选(第2卷)[M].北京:人民出版社,2006:340.

务的艰巨性。胡锦涛对此也有充分认知,针对在追求共同富裕道路上面临的经济社会发展不平衡的问题,提出要转变经济增长方式,"实现经济发展和人口、资源、环境相协调,坚持走生产发展、生活富裕、生态良好的文明发展道路,保证一代接一代永续发展"[①]。

---

① 胡锦涛文选(第2卷)[M].北京:人民出版社,2016:167.

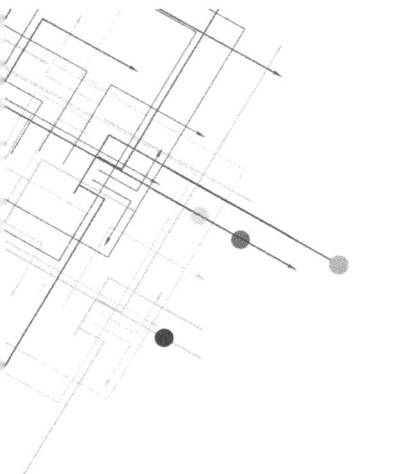

第三章

理解共同富裕需要把握好的几个关系

党的十八大以来,我们党提出了共同富裕的战略目标,在全面建成小康社会之后,随着绝对贫困问题的解决,相对贫困问题和共同富裕成为中国全面建设社会主义现代化强国必须解决和完成的目标。以习近平同志为核心的党中央对共同富裕理论观点进行了深入思考和系统阐述,并围绕共同富裕实现路径进行了战略布局。与此同时,理论界关于共同富裕的相关研究也日益增多,很多人围绕共同富裕的理论内涵、实现条件和实现路径等议题进行了深入探讨,形成了理解共同富裕的若干关系问题的讨论。这些讨论既涉及共同富裕的重大理论问题,也涉及推动实现共同富裕战略目标的重大实践问题。对这些理论关系问题的梳理和研究,有助于我们达成共识,更好推动实现共同富裕。

第一节 共同富裕与社会主义本质的关系问题

如何把握习近平对社会主义本质的理解与邓小平社会主义本质观点的内在联系和区别,这是当前关于共同富裕研究中需要厘清的一个重要的理论问题。邓小平曾提出社会主义本质理论,习近平总书记将共同富裕升华为社会主义的本质要求,中国式现代化的重要特征,赋予社会主义本质理论新的时代内涵,也更加契合马克思主义对社会主义本质的理解。

一、马克思主义关于社会主义本质的理论

关于社会主义与资本主义的区别,从马克思主义理论和社会主义实践视角来看,可以举出很多例子。例如:社会主义比资本主义具有更高的生产力水平;社会主义实行公有制经济、按劳分配和计划经济,而资本主义是建立在私有制、按要素分配和市场经济基础之上的;社会主义国家实行马克思主义政党领导等政治制度,并坚持以人民为中心的发展理念,而资本主义国家是由代表资产阶级利益的政党领导的,本质上是以资本为中心,为资产阶级利益集团服务的。事实上,马克思主义从生产力和生产关系相统一的视角看待社会主义的性质特征。

首先,社会主义具有高度发展的生产力。唯物史观强调,生产力标志着人们认识自然、改造自然的能力,是人类利用自然更好地满足人类社会发展需要的现实物质力量。"人们在自己生活的社会生产中发生一定的、必然的、不以他们的意志为转移的关系,即同他们的物质生产力的一定发展阶段相适合的生产关系。"[1]一种生产关系代替另一种生产关系,本质上是生产力发展进步的必然要求。新的生产关系更加能够适应生产力发展的要求,从而更能够促进生产力的进步。社会主义作为比资本主义更为进步的生产关系,作为对资本主义的扬弃,其根本在于它更加适应社会化大生产的需要,更加能够促进社会生产力的发展和进步。正如资本主义社会比以往任何社会的生产力总和都要高。[2] 当然,从历史演进过程来看,社会主义生产关系也是建立在资本主义充分发展的物质技术基础之上的,因此,社会主义必然有比资本主义更加发展的生产力水平。

其次,社会主义实行生产资料公有制、按劳分配和计划经济。社会主义具有比资本主义更高的生产力水平,是社会主义具有先进生产关系的结果,这种生产关系消除了资本主义生产关系的弊端,解放了束缚生产力发展的障碍。在生产资料所有制关系上,用社会主义公有制代替资本主义私有制,这是社会主义的根本标志。生产资料公有制确保了生产资料归全体社会成员或者集体成员共同占有,取消了因私人占有生产资料而占有剩余价值的情况,消灭了剥削关系,因此,劳动成为社会产品分配的标准,按劳分配是社会主义社会的主要分配方式。社会主义社会是

---

[1] 马克思恩格斯选集(第2卷)[M].北京:人民出版社,2012:32.
[2] 马克思恩格斯文集(第2卷)[M].北京:人民出版社,2009:21.

生产力高度发达的社会,也是生产社会化程度较高的社会,按比例分配社会劳动是生产社会化的根本要求。社会主义计划经济能够更加合理有效地分配社会资源和劳动时间,成为与公有制和按劳分配相配套的社会主义制度安排。

最后,社会主义以每个人自由发展作为社会目标。马克思和恩格斯设想未来社会是一个"自由人联合体","在那里,每个人的自由发展是一切人的自由发展的条件"[1]。在马克思看来,每个人的自由发展需要建立在消灭阶级和阶级对立的基础上,那就是要消灭资本主义私有制,建立起为大多数人谋利益的社会主义公有制。在社会主义社会条件下,每个人都成为社会的主人,每个人的才能、智慧都能得到自由而充分的发展。此时,个人利益将不再与社会利益相对立,每个人的利益和发展与社会发展的根本目标相一致。显然,在资本主义条件下,由于生产资料归个人占有,不掌握生产资料的无产阶级只能将自己劳动力出卖给资本家,劳动者是在异化的环境中进行社会生产和劳动。此时,资本和劳动的利益是对立的,资本总是千方百计从劳动者身上压榨更多的剩余价值。

二、邓小平对社会主义本质与共同富裕的认识

新中国成立后,我们对社会主义的认识随着社会主义建设实践的推进而不断深入。特别是改革开放和社会主义现代化建设新时期,我们对社会主义本质的认识有了新的突破。面对改革开放初期,中国经济发展和人们生活水平仍然处于较低的水平,邓小平多次指出"贫穷不是社会主义,发展太慢不是社会主义,平均主义不是社会主义"[2],"计划经济不等于社会主义","社会主义不是少数人富起来,大多数人穷,不是那个样子。社会主义最大的优越性就是共同富裕,这是体现社会主义本质的一个东西"[3]等对社会主义本质认识的深化。1992年邓小平在南方谈话中对社会主义本质进行了明确论断:"社会主义的本质,是解放生产力,发展生产力,消灭剥削,消除两极分化,最终达到共同富裕。"[4]邓小平关于社会主义本质的这一论断包含了丰富内涵,是对马克思关于社会主义本质理论的创新性发展,并将对社会主义本质与共同富裕的认识提到了新的高度。

---

[1] 马克思恩格斯选集(第1卷)[M].北京:人民出版社,2012:442.
[2] 邓小平文选(第3卷)[M].北京:人民出版社,1993:255.
[3] 邓小平文选(第3卷)[M].北京:人民出版社,1993:373.
[4] 邓小平文选(第3卷)[M].北京:人民出版社,1993:373.

首先，社会主义需要具备高度发达的生产力，因此，发展生产力成为中国社会主义的本质。新中国成立后，中国社会主义建设如火如荼展开，取得了工业化和国民经济体系的建设成效。但是，由于新中国各方面建设的基础薄弱，加上过度模仿苏联模式，将"一大二公""高度集中"等作为社会主义中国的经济基础，人们生活水平提升缓慢。对此，邓小平指出人民生活长期停止在很低水平总不能叫社会主义，只有生产力发展了，才能表明社会主义的优越性。在邓小平这一生产力的社会主义标准认识下，改革开放后，中国开始推进生产关系变革，改变落后的体制机制，解放和发展了生产力，使中国达到"富起来"的发展阶段。

其次，社会主义生产关系的优越性还表现为，社会主义的目的是最终实现共同富裕。社会生产力发展水平是衡量社会进步的重要因素，但是，每个人共同的发展和贫富差距较大两种状态下都可能存在生产力的发展。社会主义追求的富裕是共同富裕，邓小平指出，社会主义最大的优越性就是共同富裕，这是体现社会主义最本质的一个东西。资本主义社会也能促进生产力的进步，却难以解决贫富分化的问题，而且资本主义积累必然带来两极分化，这是资本主义生产关系的基本矛盾决定的。邓小平关于社会主义本质的论断，明确强调了社会主义要消灭剥削、消除两极分化，最终实现共同富裕。这是社会主义制度与一切剥削制度的本质区别。

最后，社会主义共同富裕的实现需要建立在解放和发展生产力的基础之上。共同富裕的实现对社会主义初级阶段来说是一个动态和渐进的过程，是社会主义最终的目标追求。改革开放以前，中国经济发展总体上是服务于国家工业化建设需要，对提高生活水平的项目投入不足，这是在资源和资金相对缺少的时期不得不实行的一种政策，那时候更多的是"勒紧裤腰带过日子"，物质上普遍贫穷是人们生活的常态。改革开放后，我们注重引入市场机制和非公经济，加大经济竞争力度，这些都为提高人民生活水平和富裕程度奠定了坚实基础。因此，只有生产力有了一定发展，共同富裕才能提上议程，才能获得真正实现。

三、共同富裕是社会主义本质要求的新定位

习近平在主持召开中央财经委员会第十次会议时提出"共同富裕是社会主义的本质要求，是中国式现代化的重要特征"的重要论断，在党的二十大报告中指出"共同富裕是中国特色社会主义的本质要求"。习近平关于共同富裕是社会主义本质要求的新定位，赋予社会主义本质理论新的时代内涵，也更加契合马克思主义对

社会主义本质的理解。

第一,共同富裕是社会主义社会发展的根本目的。邓小平关于社会主义本质的论述,强调了社会主义最终要消灭剥削,消除两极分化,最终实现共同富裕。习近平把共同富裕作为社会主义的本质要求,从发展目标来看,就是把共同富裕作为社会主义发展的根本目的。只有实现了全体人民共同富裕,才能既避免出现"贫穷社会主义",也避免出现"两极分化的社会主义"。当前我国生产力水平和物质生产条件已经达到一定阶段,共同富裕目标应该提上议程,让全体人民都能够享受到社会发展带来的成果。

第二,共同富裕是社会主义制度优越性的本质体现。根据唯物史观的基本原理,社会主义生产关系作为更加先进的生产关系,必然比资本主义生产关系更具优越性。这种优越性一方面表现为可以创造出更大的生产力,另一方面表现为更大的社会公平和收入平等。这两方面正是体现了"共同富裕",社会主义不仅能够实现生产力层面的"富裕",而且能够实现生产关系层面的"共同"。对此,邓小平也曾指出"社会主义最大的优越性就是共同富裕""社会主义与资本主义不同的特点就是共同富裕"。习近平将共同富裕定位为社会主义本质要求,正是对社会主义优越性的本质体现。

第三,共同富裕是衡量社会主义社会的基本标准。马克思主义经典作家将公有制经济、按劳分配或按需分配、计划经济等作为社会主义区别于资本主义的重要标志,从生产关系层面对社会主义的判断标准进行界定。这些的确重要,但社会主义之所以否定资本主义私有制,进而取消与私有制相联系的经济运行方式和分配方式,归根结底是因为资本主义难以带来共同富裕,只会导致少部分人占有大量财富,大部分人落入相对贫困和绝对贫困的地步。社会主义社会将共同富裕写在自己奋斗的旗帜上,我们始终坚持共同富裕的基本原则,制定共同富裕的具体实现步骤,不断推进社会主义现代化国家建设,努力实现第二个百年奋斗目标。中国特色社会主义之所以能够赢得全体人民的拥护,因为这是一条共同富裕的道路,是党带领全国各族人民不断向共同富裕迈进的道路。

第四,共同富裕是中国式现代化的重要特征。中国式现代化是中国共产党开辟的以中国特色社会主义道路为基本实现路径的社会主义现代化。党的二十大报告系统阐述了中国式现代化的中国特色和本质要求,强调共同富裕不仅是中国特色社会主义的本质要求,而且是中国式现代化的重要特征。这是对社会主义本质论的进一步发展,将中国式现代化与共同富裕的关系进行了深入的阐释,体现了共同富裕在新时代的新内涵。新时代以来,在党中央领导下,中国取得了脱贫攻坚战的胜利,全面建成了小康社会,消除了绝对贫困。接下来,在现代化建设的新征程上,将不断推进共同富裕,实现全体人民共同富裕的奋斗目标。

第二节 共同富裕对生产关系和分配关系的要求

共同富裕作为社会主义的本质要求,是对社会主义经济关系、生产关系,乃至整体制度的要求,而不仅仅是对社会主义分配关系的要求。生产资料的分配是实现共同富裕的根本保障,离开生产资料的分配来谈共同富裕是本末倒置。

一、生产与分配的关系是认识共同富裕的基本前提

唯物史观认为,人们在自己生活的社会生产中发生的一定的、必然的、不以他们的意志为转移的生产关系,是由一定的社会生产力水平所决定的。这些生产关系的总和所构成的社会经济关系,决定和制约着整个社会生活、政治生活和精神生活等上层建筑。而作为经济关系的具体内容,所有制形式、分配方式和资源配置方式也并非完全平行。具体来说,一个社会的分配方式既不是由自然或超自然因素决定的,也不是意识形态、政治权力等上层建筑决定的,而是由所有制形式所决定并受资源配置方式影响。

首先,所有制形式决定分配方式的基本内容和原则。生产资料所有制是马克思研究历史上各个社会形态生产关系的性质与特征时所遵循的核心与基础,也决定和影响着社会经济关系的各个方面。作为基本经济关系的组成部分,"分配关系和分配方式只是表现为生产要素的背面……分配的结构完全决定于生产的结构",而且"这种分配包含在生产过程本身中并且决定生产的结构,产品的分配显然只是这种分配的结果"[1]。这里的"生产的结构"实际上是指生产资料所有制形式,它从质的规定上明确了社会总产品和个人消费品分配的根本性质。斯大林甚至直接把生产关系归为三个部分:(1)生产资料的所有制形式;(2)由此产生的各种社会集团

---

[1] 马克思恩格斯选集(第2卷)[M].北京:人民出版社,2012:695-696.

在生产中的地位以及他们的相互关系;(3)完全以它们为转移的产品分配形式。[①]这一概括更加明确了所有制形式与分配方式的决定关系,生产资料所有制决定了分配方式的基本内容和原则。

在资本主义私有制条件下,生产资料由少数的资本家占有,他们可以根据占有的土地、资本等要素获取剩余产品和个人消费品,而绝大多数劳动者只能通过自身劳动力换取满足必要生活资料的消费品,生产资料的资本主义私有制就决定了按资本和劳动力等要素参与分配的方式。而在社会主义公有制条件下,生产资料归全体社会成员或部分劳动者集体所有,任何个人都无法占有生产资料,也不能凭借其所有权获取剩余产品,只能通过自身为社会提供一定的劳动量来领取等量的消费品,因此实行的分配方式是按劳分配。

其次,资源配置方式决定和影响分配方式的具体实现形式。所有制形式从根本上决定了分配方式的基本内容,但是分配方式的具体实现形式并不完全由所有制形式决定,同时还受社会的资源配置方式的影响。在马克思主义经济学看来,资源配置方式不只是一个社会对稀缺资源的配置并使其发挥最大效益的手段,其本身就涉及生产资料、劳动力、资本等生产要素在各个部门之间的分配问题。实际上,作为生产的范畴,生产要素(包括物质资源和人力资源)的分配贯穿于整个生产环节中,并决定生产的性质。正如马克思所指出的,"一定的生产决定一定的消费、分配、交换和这些不同要素相互间的一定关系"[②]。在这个意义上,资源配置方式具有两重含义:一是作为社会总劳动在各部门的分配,二是作为生产资料在各部门的配置。由此可知,一定生产关系下的资源配置方式将影响各种生产要素的分配方式,从而影响个人消费品分配方式的具体实现形式。

资源配置方式对分配方式产生的作用主要体现在:资源配置的具体形式如市场机制或计划机制会改变分配方式的具体实现形式。在传统政治经济学看来,资本主义社会主要通过市场机制来实现商品交换和要素资源的配置,而市场所遵循的价值规律和商品货币关系,使资本主义的按要素分配方式是以货币工资作为其实现形式的;而在社会主义公有制经济中,价值规律和商品货币关系被认为不具有存在的社会经济条件,而需要用计划的方式来实现社会产品和个人消费品的分配,因此,按劳分配方式要借助劳动券或社会凭证来实现。

---

① 斯大林.苏联社会主义经济问题[M].北京:人民出版社,1972:58.
② 马克思恩格斯选集(第2卷)[M].北京:人民出版社,2012:699.

最后,所有制形式、资源配置方式与分配方式的作用机制呈现阶段性和动态性特征。所有制形式和资源配置方式对分配方式产生的作用不同,分别决定分配方式的基本内容和实现形式,但这并不意味着所有制形式与资源配置方式在逻辑上毫无关联,恰恰相反,所有制形式在整个分配方式中具有根本地位,因此所有制形式依然是资源配置方式发生变化的前提条件,并且共同作用于分配方式。

具体来说,所有制形式的变化一方面改变了分配方式的基本内容,另一方面通过影响资源配置方式进而改变收入分配的具体实现形式。此外,根据所有制形式的变化程度,主要分为两种不同的影响机制:第一种是在所有制形式做出根本性变革时,资源配置方式为了适应所有制形式的变化而做出的变化较为彻底,因此对分配方式的基本内容与其实现形式造成极大影响,正如资本主义社会向共产主义社会的转变,在所有制形式发生重大变化的同时分配方式及其实现形式都会受到极大影响。第二种是在所有制形式做出结构性调整时,资源配置方式仅对分配方式产生局部作用,不会从根本上改变分配方式的基本内容及社会性质,但是由于资源配置决定分配方式的实现形式,因此对分配方式的具体实现形式会产生重要影响,比如我国社会主义市场经济体制下的按劳分配具有市场特性,通过货币来实现社会商品和个人消费品的分配。

值得注意的是,由于社会生产力是不断发展和变革的,因而生产方式与生产关系之间具有特殊的、历史的和暂时的性质。[①] 这意味着,分配方式的基本内容要不断适应所有制形式的变化而发展,分配方式的具体实现形式也要不断适应资源配置方式的变化而发展,使得由所有制形式主导、资源配置方式引起、共同作用于分配方式的影响机制也呈现阶段性和动态性变化的特征。

由此可见,在特定的社会经济关系中,一个社会的分配方式由所有制形式和资源配置方式两个因素共同起着决定和影响作用。其中,所有制形式是决定性因素,决定了分配方式的基本内容和基本原则,而资源配置方式主要决定和影响分配方式的具体实现形式。由于所有制形式、资源配置方式以及分配方式三者内在的作用机制具有阶段性和动态性变化的特点,因此分配方式的演变逻辑不仅反映了不同社会形态分配制度的演变规律,而且表明了同一社会形态在不同发展阶段下分配制度的演变历程。从资本主义社会转变到社会主义社会,分配方式也就从按要素分配转向了按劳分配;但是就社会主义社会自身而言,其社会发展也需要经历长

---

① 吴易风.论政治经济学或经济学的研究对象[J].中国社会科学,1997(2):53-66.

期且复杂的过程,在所有制结构和资源配置方式不断做出调整的过程中,代表社会主义分配性质的按劳分配及其实现形式也在不断变化。

二、共同富裕是对生产关系和分配关系的共同要求

在马克思主义政治经济学看来,生产与分配紧密相关,生产关系决定分配关系,分配关系是生产关系在分配领域的反映。有些人认为共同富裕的实现只需要对收入分配进行改革和调整,将共同富裕问题仅仅看作是分配领域的问题,将共同富裕理解成只是分配关系的状态。显然,这种观点没有充分认识到生产与分配的关系,而是将两者割裂开来,没有深入更具决定性意义的生产。我们认为,共同富裕既是对分配关系的要求,也是对生产关系的要求。

首先,共同富裕的实现需要对分配关系和分配方式进行调整。从表象层面来看,共同富裕是分配问题,是要实现全体人民共享社会发展红利,在分配结果上最终实现全体人民共同富裕。当前,我国将共同富裕提升为重要的战略目标并提上议程,直接的原因在于:改革开放以来,在经济增长取得巨大进步的同时,我国收入分配领域出现了地区之间、城乡之间、不同群体之间的收入差距的扩大。据统计,从 2003 年开始我国全国基尼系数就已经超过了 0.4 的国际警戒线,而且有不断拉大的趋势;2009 年之后基尼系数尽管有所缩小,但仍然超过 0.4;2022 年为 0.46,仍然处在较高的水平。贫富差距居高不下不仅影响我国经济可持续发展,而且不利于社会稳定和社会主义现代化强国的建设目标。对此,党的十九大和二十大均明确提出 2035 年在共同富裕上取得实质性进展、2050 年基本实现全体人民共同富裕的奋斗目标。

因此,共同富裕的实现离不开收入分配的改革和对分配关系的调整。党的二十大报告指出:"分配制度是促进共同富裕的基础性制度。坚持按劳分配为主体、多种分配方式并存,构建初次分配、再分配、第三次分配协调配套的制度体系。"[1]坚持和完善基本分配制度对缩小贫富差距、促进共同富裕仍然具有重要的作用。与此同时,在初次分配中要注重效率和兼顾公平,在再分配中更加注重公平,第三次分配体现的是公平。收入分配的改革,重在调节和理顺分配关系,使得分配关系往

---

[1] 习近平.高举中国特色社会主义伟大旗帜 为全面建设社会主义现代化国家而团结奋斗[M].北京:人民出版社,2022:46—47.

更有利于低收入群体的方向倾斜。表现在总体分配结果中，我们要积极提高低收入群体的收入水平，扩大中等收入群体数量，适当限制高收入，将金字塔型的收入分配格局调整成为橄榄球型的分配格局。只有这样，收入分配差距拉大的趋势才能得到一定的缓解，在不影响经济效率的前提下，实现公平和效率的同向发展。

其次，共同富裕的实现也需要对生产关系和整个经济制度进行调整。由于贫富差距的缩小和共同富裕的实现受到多重因素的影响，在不调整生产关系的前提下，仅对分配关系进行改革和调整，只能对收入分配差距起到缓解作用，难以扭转贫富分配差距较大的局面。从马克思主义政治经济学关于生产与分配的关系理论来看，由于分配关系归根结底取决于生产关系及整个经济制度体系，生产资料所有制和资源配置方式将决定和影响着分配关系和分配方式。因此，共同富裕的实现不能单单依赖收入分配的改革和分配关系的调整。

从字面上理解，共同富裕包含"共同"和"富裕"两层含义。从"富裕"这一层面来看，"富裕"的实现在于"做大蛋糕"，在于经济增长和效率提升。尽管当前我国社会生产力水平取得了很大进步，国内生产总值位居世界第二，是世界最大的制造业国家，在很多领域表现出不俗的成绩，但从人均水平来看，人均GDP还不到12 000美元，与发达国家相比还有很大的差距，仍然属于发展中国家。可见我国还存在发展不充分的问题，需要充分重视经济增长和"做大蛋糕"，扎实奠定实现共同富裕的物质基础。这就要求从生产领域提高经济效率，推动经济体制改革朝着有利于提质增效的方向发展，既要有质的有效提升也要有量的合理增长，决不能只着眼于分配领域。

从"共同"这一层面来看，"共同"的实现在于"分好蛋糕"，缩小贫富差距，增进社会公平。我国当前生产力水平较快发展的同时，发展不平衡问题突出。而解决这一问题的关键在于缩小贫富差距。但是，如果仅仅停留在收入分配领域，在现有的经济体制下难以改变财富差距的现状。不仅如此，在市场经济条件下，财富差距将会随着财富的市场积累机制进一步扩大。党的二十大报告提出要"规范财富的积累机制"，正是要从财富积累机制上，通过改革经济运行体制和财政税收制度，而不是仅仅从收入分配调节上缩小贫富差距。

三、生产资料的分配是实现共同富裕的根本要求

物质资料生产活动是人类一切活动的出发点，由物质生产资料的生产所引发

的社会生产关系是马克思主义经济学的重要研究对象,其中生产关系的核心和基础便是生产资料所有制。马克思在研究历史上各个社会形态的生产关系的性质与特征时,都是围绕着生产资料所有制展开的。[①] 因此,生产资料所有制决定和影响着生产关系的各个方面。作为社会生产关系的基础,生产资料所有制又是构成社会经济制度的核心内容,决定生产关系各个环节的具体经济关系的性质、地位和作用,是区分不同社会经济制度性质的根本标志。[②] 广义的分配包括生产资料的分配和产品的分配,生产资料的分配是起到决定性作用的,不仅决定产品分配的性质,而且规定了产品分配的范围。我们推动的共同富裕绝不仅仅是少数人的富裕,而是绝大多数人特别是劳动阶级的共同富裕。

共同富裕作为社会主义的本质要求,也是社会主义的根本目的和基本特征。社会主义之所以能够将共同富裕写在自己的旗帜上,主要在于社会主义具备实现共同富裕的基本条件,其中最为根本的条件是生产资料公有制。由于生产资料归全体人民共同所有,取消了私人独占生产资料而获得剩余价值的权利,便消除了资本主义私有制条件下资本积累一般规律所带来的两极分化。正如列宁所指出的,"我们要争取新的、更好的社会制度:在这个新的、更好的社会里不应该有穷有富,大家都应该做工。共同劳动的成果不应该归一小撮富人享受,应该归全体劳动者享受","只有社会主义才可能广泛推行和真正支配根据科学原则进行的产品的社会生产和分配,以便使所有劳动者过最美好、最幸福的生活"[③]。资本主义私有制是一切社会不公和贫富分化的总根源,而正是因为社会主义公有制取代了私有制,生产资料归全体劳动者共同占有,才可能实现劳动成果全部归全体劳动者享有,共同富裕才能成为现实。

由于我国还处在社会主义初级阶段,除了公有制经济,还存在非公有制经济,但坚持公有制为主体的所有制关系和基本经济制度,能够确保实现共同富裕的基本条件。随着中国社会主义不断往前发展,公有制经济必然成为推动共同富裕的坚实力量。有人认为非公有制经济也能实现共同富裕,甚至认为公有制经济在其中的作用可以忽视。他们通常以北欧的福利制度国家为例,认为在资本主义条件下,已经实现了共同富裕。对此,我们应该积极做出回应。我们认为,资本主义条件下的国家福利制度的确有助于缩小贫富差距,有利于工人阶级状况的改善,而这

---

① 葛杨.马克思所有制理论中国化的发展与创新[J].当代经济研究,2016(10):78—86.
② 吴宣恭.马克思主义所有制理论是政治经济学分析的基础[J].马克思主义研究,2013(7):48—57.
③ 列宁选集(第3卷)[M].北京:人民出版社,2012:546.

一制度本身也是工人阶级在马克思主义和社会主义思潮的影响下通过斗争取得的成果,但是,考察一种制度需要看制度的可持续性。北欧的贫富差距缩小是由于国家采取了强有力的再分配制度,而再分配制度需要建立在经济可持续增长的基础之上。近年来,西方国家经济萧条、债务问题缠身,高福利开支在一定程度上限制了经济发展,反过来影响福利制度本身。实现全体人民共同富裕是一个长期的目标,只有建立在生产资料公有制基础上,才能为这一目标奠定坚实的可持续的物质基础。

第三节　物质共同富裕与精神共同富裕的关系

正确看待共同富裕的全面性特征,涉及物质共同富裕与精神共同富裕的关系问题。共同富裕不是单一向度的共同富裕,它既包括物质方面又包括精神方面,是物质共同富裕与精神共同富裕的协调发展。

一、物质共同富裕是精神共同富裕的基础和前提

马克思主义基本原理阐明了阶级社会贫富差距的根源在于私有制,强调消除剥削和两极分化,在于在消灭私有制的基础上建立新的生产关系,从而打破生产力的私有制桎梏,通过大力发展社会生产力,最终实现全人类的解放。物质资料生产是人类生产生活的基础,也是人类社会得以存在的基本前提,人类只有在满足吃穿住行等基本生活需要后才可能实现更高层次的需要。"物质生活的生产方式制约着整个社会生活、政治生活和精神生活的过程。不是人们的意识决定人们的存在,相反是人们的社会存在决定人们的意识",仓廪实而知礼节,衣食足而知荣辱,只有在实现物质生活满足的前提下,才可能从事政治和精神生活。美国社会心理学家马斯洛(1943)曾提出将人的需要由低级到高级分为生理需要、安全需要、社会需要、尊重需要和自我实现需要五个层次。并且认为只有在前一层次的最低限度需要被满足之后,才会追求高一级的需要,最终实现人的尊重、自我实现等精神需要。马斯洛的需要层次说在一定程度上印证了马克思主义所强调的精神上满足的实现需要建立在物质需要的实现基础之上,如果物质生活贫困,精神生活富裕就没有物质支撑,将无法持续。

马克思主义认为人类社会最终的追求是实现人的全面自由解放,这里的全面性不是想象的或设想的全面性,而是他的现实联系和观念联系的全面性。显然,全面自由解放必然包括物质解放和精神解放两个方面。但马克思认为"要达到这点,首先必须使生产力的充分发展成为生产条件,不是使一定的生产条件表现为生产力发展的界限"①。马克思和恩格斯还明确指出:"当人们还不能使自己的吃喝住穿在质和量方面得到充分保证的时候,人们就根本不能获得解放。"②列宁也指出,人的全面发展需要有"相当发达的物质资料的生产"提供物质基础。由此可见,实现共同富裕离不开高度发展的生产力和物质基础,只有实现了物质共同富裕,全面共同富裕才有实现的基础。

新中国成立以来,我国始终将物质资料生产放在重要的位置上。在进行社会主义改造的同时,积极开展工业化建设,大力发展生产力,构建起了独立的比较完整的工业体系和国民经济体系,为实现国家富强和人民富裕奠定了物质基础。改革开放以来,我们更加注重生产力的发展,将解放和发展生产力作为社会主义本质内容,在基本路线上坚持经济建设为中心,通过改革体制机制弊端,调整生产关系,推动了生产力水平的巨大飞跃。我国国内生产总值逐年提高,2010年就达到了世界第二的位次,并且与世界第一的美国差距逐渐缩小。根据世界银行对低收入、中等收入和高收入国家的划分标准,改革开放以来,我国已由低收入国家进入了中等偏上收入国家行列,并且接近高收入国家的门槛,在不久的将来就会进入高收入国家行列。改革开放带来的经济社会发展,使中国从站起来跃进到富起来,解决了生产落后和不足的问题,社会主要矛盾也随之发生转变,人们对美好生活的需要与不平衡不充分的发展之间的矛盾是当前社会的主要矛盾。由此可见,新中国成立以来,特别是改革开放以来的社会生产力的进步和物质生产水平的提高,使得人们可以追求更加多元化的需要。这也表明,物质资料生产的丰富和生产力的充分发展,以及由此推动的物质共同富裕,是实现精神共同富裕的基础和前提。

二、物质富裕和精神富足共同构成共同富裕的内容

物质文明和精神文明是人类社会物质生产实践活动和精神产品创造活动的结

---

① 马克思恩格斯选集(第2卷)[M].北京:人民出版社,2012:32.
② 马克思恩格斯文集(第8卷)[M].北京:人民出版社,2009:192.

晶。人的社会生活需要除了物质需要之外，还包括精神需要。马克思设想的未来社会所要实现的人的全面发展，包括了物质文明和精神文明的协调发展，人与人、人与社会、人与自然之间的和谐发展，以及人的各项权利的充分实现。也就是说，人的自由全面发展，既包括物质富裕也包括精神富足。党的二十大报告将物质文明和精神文明共同发展作为中国式现代化的重要特征之一，就是在强调中国式现代化与西方现代化的区别所在。西方现代化追求以资本为中心、以经济利益为目标的单向度现代化，西方现代化依托于工业化、科技化创造了丰富物质产品的同时，人的精神世界难以得到真正的满足。习近平指出，"物质富足、精神富有是社会主义现代化的根本要求。物质贫困不是社会主义，精神贫乏也不是社会主义"[1]，中国式现代化要吸取西方现代化的经验教训，避免出现物质富裕而精神空虚的状况，物质文明和精神文明两手抓两手都要硬，推动物质世界和精神世界的双重富足和协调发展。

物质富裕和精神富足也共同构成了共同富裕的基本内容，两者之间是辩证统一的关系。一方面，正如上文所指出的，物质富裕是精神富足的前提和基础，精神富足建立在物质生产力一定程度的发展和具备一定物质生产条件的基础之上。另一方面，精神富足也为物质富裕提供价值引领和发展动力，从而对物质生活形成具有能动的反作用。"物质存在方式虽然是始因，但是这并不排斥思想领域也反过来对物质存在方式起作用"，恩格斯曾经指出"先进的思想文化一旦被群众掌握，就会转化为强大的物质力量"[2]。物质生活尽管是前提和基础，是精神生活得以丰富和富裕的条件，但精神生活同样重要，精神的富足包含了正确的世界观、人生观和价值观，不仅能够指引个人发挥人生价值、丰富精神生活、增强奋斗激情、激发创新精神，而且为社会发展注入精神动力，推动改革创新、生产发展和社会进步。中国改革开放之所以能够取得成功，与改革开放之初的思想大解放密不可分；我国的改革之所以能够不断推进，也与在中国共产党的领导下，全国各族人民凝心聚力、奋发图强的精神风貌密不可分。

因此，我们所要推动的共同富裕，不能仅仅体现在经济增长和收入分配上，而应该关注人本身，用马克思所说的人的自由全面发展作为衡量标准。这就意味着，我们所追求的共同富裕，不仅仅是全体人民的物质生活富裕，还包括人本身所包含

---

[1] 习近平. 高举中国特色社会主义伟大旗帜 为全面建设社会主义现代化国家而团结奋斗[M]. 北京：人民出版社，2022：22.
[2] 马克思恩格斯全集（第30卷）[M]. 北京：人民出版社，1995：176.

的良好的道德和素养、健全的人格和情操、崇高的理想和信念,以及对社会公平正义的追求和向往,所有这些,都可以归结为精神富足。习近平也强调指出,"我们既要让人民的物质生活更加殷实,又要让人民的精神生活更丰富"。可见,共同富裕包含丰富的内涵,我们一方面要通过解放和发展生产力,共享社会发展进步成果,增进和改善民主福祉,实现物质共同富裕;另一方面,也要加强理想信念教育,弘扬社会主义核心价值观,提高公众的教育程度和文化素养,创造内容丰富、形式多样的精神文化产品,丰富人们的精神文化生活,注重精神文化的公共性和可及性,实现精神共同富裕。

三、不能用精神共同富裕掩盖物质层面的贫富差距

在中国实现了全面小康社会建设目标,完成了脱贫攻坚,解决了绝对贫困问题之后,我们提出了实现共同富裕的更高的目标。实现共同富裕需要从解决相对贫困问题入手,缩小贫富差距,提高低收入群体的收入和财富占比。改革开放以来,我国经济取得飞速发展的同时,收入差距和财富差距也在逐渐拉大,近些年来,贫富差距尽管有所缩小,但是仍然处于较高水平,并且在一些领域还有扩大的趋势,不仅影响社会稳定,而且不利于经济可持续发展和高质量发展,不符合社会主义现代化建设目标。党的十九大和二十大先后提出了实现共同富裕的战略目标和"两步走"的战略步骤,并把共同富裕作为中国式现代化的重要特征之一,作为社会主义的本质要求。为了确保高质量的共同富裕目标的实现,党中央提出物质共同富裕和精神共同富裕相统一的全面共同富裕思想,这将有助于实现共同富裕的系统性和全面性,不仅包括经济领域,而且包括政治、社会、文化、生态等领域的共同富裕。长期以来,人们对共同富裕的认识更多的是停留在物质生活富裕层面,对精神生活共同富裕的认识不够。随着新时代生产力的发展以及党中央对精神文化建设的重视,人们对精神共同富裕的认识也逐渐认同并不断深化。

但是,理论界也存在着另外一种极端:有些人放大共同富裕的精神层面,反而将共同富裕的物质层面忽视了。在他们看来,精神共同富裕相比物质共同富裕更加容易实现,这是因为人的满足感、幸福感不仅取决于物质因素,而且与其精神满足度的动态发展过程密切相关。一个人如果获得的比以前更多了,收入有所增长了,环境比以前有所改善了,娱乐生活更加丰富了,那么他精神上的满足感和幸福感就会有很大提高。如果在这种情况下,物质生活上的差距反而拉大了,特别表现

在城乡之间、地区之间、行业之间的收入差距和财富差距依然居高不下,可否表明我们的共同富裕往前推进了呢?显然不是。这种观点还认为我国生产力水平已经达到较高的水平,物质基础已经比较雄厚,完全可以去追求更多的精神需求。但正如前文所指出的,尽管改革开放以来,社会生产力和物质基础都有很大的进步,生产不足的问题基本得到了解决,但发展不平衡不充分的问题仍然突出,还没有到可以忽视甚至放弃经济发展和物质共同富裕的地步。

因此,我们认为不能从一个极端走向另外一个极端,从不注重精神共同富裕走向用精神生活的改善和幸福感的提升掩盖物质层面的社会差距,用精神共同富裕代替共同富裕的全部内容。物质基础仍然是精神富足的基础和前提,物质共同富裕还没有实现的情况下,过度追求精神共同富裕只会掩盖社会主要矛盾。正确的做法是,应该将经济高质量发展作为全面建设社会主义现代化国家的首要任务,坚持以经济建设为中心,不断提高科技水平和物质生产力水平,夯实人民幸福生活的物质条件,注重解决物质层面的共同富裕,缩小收入差距,规范财富积累机制,扎实推进物质共同富裕。与此同时,要不断提高人民群众的精神生活水平,加强社会主义精神文明建设,让全体人民共享精神文明建设成果。

第四节 实现共同富裕的目的性与过程性的关系

共同富裕不是平均富裕、同等富裕,也不是同步富裕,而是一种内部差异相对较小,阶层流动性很强的普遍富裕状况。认识共同富裕不仅要有目标意识,而且要有过程意识。共同富裕的实现是一个渐进的过程,但推动共同富裕的实现也需要主动出击有所作为。

一、共同富裕不是平均富裕也不是同步富裕

共同富裕是社会主义的本质要求,也是中国式现代化的重要特征。实现共同富裕是中华民族的千年梦想,也是每个中国人的共同期盼。习近平指出,"我们说的共同富裕是全体人民共同富裕,是人民群众物质生活和精神生活都富裕,不是少数人的富裕,也不是整齐划一的平均主义"。推动共同富裕的实现,首先要廓清关于共同富裕的一些模糊认识,这有助于更好地把握共同富裕的本质内涵和实践要

求,也有助于更好地推动共同富裕、实现共同富裕战略目标。

首先,共同富裕是普遍富裕而不是平均富裕。共同富裕是消除两极分化和贫穷基础上的普遍富裕,是全体人民的共同富裕,而不是少数人的富裕,也不是一部分人或一部分群体的富裕。在资本主义私有制条件下,由于生产资料归私人占有,劳动者"自由得一无所有",资本依靠对劳动创造的剩余价值的无偿占有和剥削而存在,两极分化成为资本积累的必然趋势,资本家成为大量财富的拥有者,劳动者却只能沦为贫困者。共同富裕是让绝大多数人脱离贫穷,实现富裕。但是,这种富裕不是平均主义,不是"劫富济贫",不是把富人的财富无偿转移给穷人,而是通过共同致富,实现普遍富裕。正如邓小平所指出的,"我们坚持社会主义道路,根本目标是共同富裕,然而平均发展是不可能的。过去搞平均主义,吃'大锅饭',实际上是共同落后,共同贫穷,我们就是吃了这个亏"[①]。

其次,共同富裕是差别富裕而不是同等富裕。共同富裕既不是全体社会成员在财富占有上的绝对平均,也不是无差别的同等程度的富裕。在达到富裕的社会里,由于社会分工差别、个人努力程度不同、劳动能力和素质的差异,以及不同群体对社会的贡献不同,也会出现收入分配和财富占有多寡的差距。事实上,也只有承认富裕程度上的差别性,才能调动人民群众发展经济的积极性,才能为高层次的富裕提供示范。改革开放以来,邓小平正是基于对共同富裕内涵的揭示,提出了先富带后富的战略构想,实现了让一部分人一部分地区先富起来,之后先富带后富,最终实现共同富裕。因此,我们推动共同富裕是要实现在普遍富裕的基础上,允许存在差别富裕,在实现全体人民共同富裕的过程中,使得基尼系数控制在合理的区间内,并使得中等收入群体成为社会阶层的主体。

最后,共同富裕是渐次富裕而不是同步富裕。由于社会发展本身就不是同步的,各个地区、各个行业、各个群体,它们的资源禀赋、地理位置、发展起点和发展阶段各不相同,因此不可能做到同样速度的同步发展。国内外发展的事实也证明,一个国家在发展初期完全奉行平衡发展战略,最终必然难以发展起来。在社会主义革命和建设时期,我国也遵循了城乡和区域之间的差异化发展路径,农村辅助城市开展工业化建设,由此取得了工业体系建设成就。改革开放和社会主义现代化建设新时期,我们也运用非均衡发展战略,优先发展具有比较优势的产业,优先发展东部沿海地区。在这个过程中,实现了先富地区和先富群体,并创造了中国经济长

---

① 邓小平文选(第3卷)[M].北京:人民出版社,1993:155.

时期高速发展的奇迹。当前,我们推动共同富裕,也是渐次富裕,是有先有后的富裕,鼓励各行业劳动者积极创新,充分调动主观能动性,在共建共享中实现共同富裕。

二、共同富裕的实现是一个循序渐进的过程

实现共同富裕不是一蹴而就的,而是需要立足基本国情逐步推进。中国是一个人口大国,还处在社会主义初级阶段,这是我国最大的国情。党的二十大报告强调指出:"中国式现代化是人口规模巨大的现代化。"[①]我国拥有 14 亿多人口,规模超过现有发达国家人口的总和,要整体迈进现代化社会,达到发达国家水平,艰巨性和复杂性前所未有。由于我们要实现的共同富裕不是少数人的富裕,而是包括 14 亿多人口在内的全体人民的共同富裕,因此要推动实现共同富裕,需要从我国自身的条件和基本国情出发,坚持稳中求进、循序渐进、持续推进。同时,我们要实现的共同富裕不只是某一个地区的共同富裕,而是城乡之间的共同富裕,也是经济、政治、文化、社会和生态等全方位的共同富裕。同时,由于我国社会主要矛盾的转化,尽管生产落后的现状有所改变,但不平衡不充分的问题更加突出,城乡之间发展不平衡,经济结构和经济质量仍然不高,收入差距和财富差距较大,教育、医疗、就业、养老、住房等民生问题依然较为突出,生态环境保护的任务依然艰巨,公平正义问题依然存在。这些问题的解决不是一蹴而就、一朝一夕的,需要积累经验、一步一个脚印、稳步向前推进,为实现全体人民共同富裕奠定坚实的基础。

实现共同富裕是一个先富带后富、不断探索创新的渐进过程。中国共产党在历史的关键时刻,推行了改革开放政策,并开创了中国特色社会主义道路,指引中国从站起来走向了富起来。改革开放的实施,关键在于通过引入竞争机制和市场机制,允许有先有后的发展,从非均衡发展最终实现均衡发展。正如邓小平多次强调的,"我的一贯主张是,让一部分人、一部分地区先富起来,大原则是共同富裕。一部分地区发展快一点,带动大部分地区,这是加速发展、达到共同富裕的捷径"[②]。事实表明,改革开放的这一政策是正确的,国民经济取得了长足的发展,人民生活水平也得到了巨大的改善,这是实现共同富裕的正确道路。邓小平曾经设想了"两

---

① 习近平.高举中国特色社会主义伟大旗帜 为全面建设社会主义现代化国家而团结奋斗[M].北京:人民出版社,2022:22.
② 邓小平文选(第 3 卷)[M].北京:人民出版社,1993:166.

个大局"的战略思想,提出让东部沿海地区先发展起来,等东部地区发展起来之后,要扶持中西部内陆地区的发展,东部和中西部地区都要顾全和服务这个大局。当前,我国经济发展,特别是东部沿海地区的发展已经达到了一个较高的水平,一些城市可以媲美西方发达国家的大城市。这时候,先富地区、先富的人要带动后富地区、后富的人。由于全国各个地区、各行各业和每个群体差异较大,先富带后富也不是同步同等带动,也是一个由局部到全局、由个体到群体、由低级到高级的螺旋式上升过程。这其中,需要发挥各个地区、各个行业和各个群体的人民群众的积极性、主动性和创造性,需要将政府功能和市场机制有机结合,在社会主义市场经济体制框架下,不断推进和实现城乡之间、区域之间、群体之间的共同富裕。

由此可知,实现共同富裕是一个长期的过程,需要分步骤分阶段推动共同富裕的实现。在这个过程中,一方面要处理好先富与后富的关系。在共同富裕的推进过程中,必然出现有先有后的情况,先富起来的地区和群体要积极奋进,向着更高水平更高质量更高层次的方向迈进,同时要有带动后富的意识和大局思维。后富地区和群体要在创新发展上多下功夫,抓住时机,积极开创新局面,确保在高质量发展中推进共同富裕。另一方面,要处理好公平与效率的关系。基于我国还处于社会主义初级阶段的基本国情,经济效率的提升仍然是实现共同富裕的重要基础和保障,与此同时,要更加注重公平问题,在初次分配中确保效率与公平的同时,再分配和第三次分配要把公平摆在首位。

三、共同富裕的实现需要主动出击而不是原地等待

由于共同富裕的实现是一个长期的渐进的过程,有些人认为既然如此,那就坐等时机成熟,自然就实现共同富裕了,不需要主动有所为。关于收入分配与经济增长的关系,理论界一度存在着这样一种观点,他们信奉"库兹涅茨倒 U 形"假说[①]:在经济增长的初始阶段,收入分配差距会逐渐拉大,经济增长到一定高度,收入差距将会达到顶点,伴随着经济进一步发展,收入差距将会呈现下降的趋势,收入差距与经济增长之间的关系呈现"倒 U 形"曲线。他们将这一假说运用于解释中国收入差距随经济增长拉大的状况,同时认为我国收入差距的拉大是短期的,长期中随着

[①] 这一假说是由美国经济学家库兹涅茨于 1955 年提出的关于收入分配状况随经济发展过程而变化的理论假说。

经济的发展收入差距会逐渐缩小,从而实现共同富裕,认为这是经济规律,不需要政府干预,也不必担心。法国经济学家皮凯蒂在《21世纪资本论》一书中质疑了这一理论,认为收入和财富差距在市场经济国家中正在被逐渐拉大,而且有加速的趋势。其实,马克思在《资本论》中已经论证了资本主义市场经济中,受资本积累一般规律的影响,将会出现两极分化的结果,并且经济越发展,资本积累越扩大,贫富两极分化将会越趋于快速推进。因此,想通过自由市场经济自身的作用,缩小贫富差距,实现共同富裕的观念是幼稚的,是不现实的。

因此,共同富裕的实现需要主动出击而有所为。共同富裕目标的实现虽然是一个长期的渐进的过程,但并不意味着我们可以不作为和坐着等待。对于如何看待共同富裕的目标性和过程性问题,习近平曾经指出:"实现这个目标需要一个漫长的历史过程。我国正处于并将长期处于社会主义初级阶段,我们不能做超越阶段的事情,但也不是说在逐步实现共同富裕方面就无所作为,而是要根据现有条件把能做的事情尽量做起来,积小胜为大胜,不断朝着全体人民共同富裕的目标前进。"[①]对此,党中央积极谋划,努力推动共同富裕。党的十九大为推进实现共同富裕制定了"两步走"的战略步骤,与社会主义现代化目标同步。第一步是2035年"全体人民共同富裕迈出坚实步伐",第二步是到本世纪中叶"全体人民共同富裕基本实现"。党的十九届五中全会强调"扎实推动共同富裕",对2035年共同富裕的实现进展提出了更具有针对性的目标,即2035年使全体人民共同富裕取得更为明显的实质性进展。随后,以浙江为示范区,提出率先实施共同富裕的发展战略和提前实现共同富裕的战略目标,2021年通过的《中共中央国务院关于支持浙江高质量发展建设共同富裕示范区的意见》,提出了到2025年浙江共同富裕示范区取得明显的实质性进展,到2035年基本实现共同富裕,比全国共同富裕战略目标提前15年完成。党的二十大报告再次明确指出,2035年全体人民共同富裕取得实质性进展的目标,并通过一系列改革举措扎实推动共同富裕。

当前,推动共同富裕不仅具有艰巨性,而且具有紧迫性,这是由我国现代化建设的目标和经济高质量发展的内在要求决定的。在推动共同富裕的过程中,我们完成了脱贫攻坚任务,建成了全面小康,并在保障和改善民生中不断进取,提高了人们的获得感和幸福感。当前摆在中国人面前的突出问题正是发展不平衡的问

[①] 习近平.论把握新发展阶段、贯彻新发展理念、构建新发展格局[M].北京:中央文献出版社,2021:95.

题,只有实现了地区之间、城乡之间和群体之间的平衡发展,社会主义现代化国家的建设目标才能够实现。与此同时,经济发展包含了社会公平和贫富差距的缩小,贫富差距拉大不仅是社会问题,而且是经济问题。政治经济学原理告诉我们,当经济发展到一定阶段,国内消费需求将成为主要的需求,而贫富差距较大的社会,必然出现消费需求不足的问题,只有当人们的收入水平提高了,国内消费需求才能够增长。在新发展阶段,构建新发展格局,需要以扩大内需为战略基点,以畅通国内大循环为主要目标,一个贫富差距小、共同富裕的社会将会为现代化经济体系和经济高质量发展注入新动能。由此可见,推动共同富裕是当前的紧迫任务,既是社会主义现代化建设的应有之义,也是确保经济持续健康发展的重要手段。

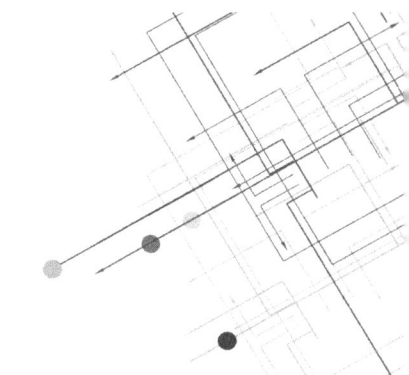

第四章

新中国推进共同富裕的实践历程

新中国成立以来,我国依次经历了社会主义革命和建设时期、改革开放和社会主义现代化建设新时期,现已步入中国特色社会主义新时代。新中国社会主义建立和建设的历程也是我国不断推进共同富裕的实践历程。新中国成立后,我国通过社会主义改造,确立了公有制在我国的主导地位,建立了社会主义制度,并对社会主义建设道路进行了初步探索,建设起了比较完整的工业体系和国民经济体系,实现了站起来的目标;改革开放和社会主义现代化建设新时期,开创了中国特色社会主义道路,逐渐走向富起来;党的十八大之后,中国特色社会主义进入新时代,迈上了社会主义现代化建设新征程,迎来了强起来的前景。新中国的实践历程逐步形成了符合中国国情、极具中国特色的全体人民共同富裕道路,人民生活实现了从温饱不足到总体小康再到全面小康的历史性飞跃,全体人民共同富裕的目标不断取得实质性进展。

第一节 社会主义革命和建设时期共同富裕的实践

在社会主义革命和建设时期,以毛泽东同志为主要代表的中国共产党人基于对国内经济形势的准确研判,领导全国各族人民逐步从新民主主义革命事业迈向社会主义建设事业,恢复国民经济基础的同时开展有计划的经济建设,为我国走共同富裕道路进行了实践探索,在工农业等国民经济领域取得了举世瞩目的成就。

一、社会主义改造推进共同富裕的实践探索

生产关系决定分配关系,生产资料私有制导致了社会贫富两极分化,受经典马克思主义理论以及苏联社会主义实践的影响,在新中国成立之初便决心在一个相当长的过渡时期内,逐步推进国家的社会主义工业化进程,逐步将农业、手工业和工商业改造为社会主义性质,实现生产资料从私有制到公有制的转变,为我国推进全体人民共同富裕提供制度保障。毛泽东"创造性地开辟了一条适合中国特点的社会主义改造的道路"[①],在资本主义工商业领域,我国采取了一系列从初级到高级的国家资本主义过渡措施,包括委托加工、计划订货、统购包销、委托经销代销、公私合营以及全行业公私合营等,最终以和平赎买的方式实现了对资本主义工商业的社会主义改造。在农业领域,我国遵循自愿互利、典型示范和国家支持的原则,逐步引导个体农户从临时互助组发展到常年互助组,进而组建半社会主义性质的初级农业生产合作社,最终过渡到社会主义性质的高级农业生产合作社。对于个体手工业的改造,我国也采取了相似的步骤。截至1956年底,社会主义公有制经济的比重已超过90%,标志着生产资料私有制向社会主义公有制的转变基本完成。"在一个几亿人口的大国中比较顺利地实现了如此复杂、困难和深刻的社会变革,促进了工农业和整个国民经济的发展,这的确是伟大的历史性胜利。"[②]同时,为了避免资本主义市场经济导致的贫富两极分化以及周期性经济危机,我国借鉴苏联社会主义建设的经验教训建立了计划经济体制,通过计划指令来调节经济的运行。

总体而言,在社会主义革命和建设时期,我国基本遵循马克思最初对社会主义的构想和苏联关于社会主义社会的实践经验,通过完成社会主义改造、采用计划经济的方式来发展经济,将生产资料私有制转变为公有制,将按劳分配作为我国基本的分配制度,以促进全体人民共同富裕。在这一时期,我国主要使用中央指令统一计划经济发展方向,生活资料和生产资料的发放主要以计划经济为主。这样的社会分配使得社会资源没有浪费,也不会出现供过于求的状况,经济发展取得显著成就。1952—1978年,我国社会总产值、工农业总产值和国民收入分别实现了

---

① 中共中央文献研究室.关于建国以来党的若干历史问题的决议(注释本)[M].北京:人民出版社,1985:18.
② 中共中央文献研究室.关于建国以来党的若干历史问题的决议(注释本)[M].北京:人民出版社,1985:18.

7.6％、7.7％、6.4％的年均增长率①，增长速度远超世界平均增速，也高于主要发达国家平均发展速度。在计划经济体制下，我国逐步建立起覆盖就业、教育、医疗等领域的社会保障体系，社会民生得到不断改善。城市中职工的社会保障主要由机关和企事业单位以及民政部门提供，农村居民的社会保障主要依靠农村集体，特别是"五保户"制度，为保障人民群众生活发挥了重要作用。这一时期，中国人民享受到了历史上从未有过的公平与平等，教育获得极大发展，文盲数量大幅减少。1949年前中国人的平均寿命只有35岁，但到20世纪70年代中期中国人的平均寿命达到了65岁。② 正如世界银行1981年的报告《中国：社会主义的经济发展》所认为的，"从1949年算起至中国转型期之前的28年，中国最为出色的成就，就是实现了当前时代下最高程度的公平"③。但随之牺牲的则是充满活力、蓬勃发展的生产力。集中计划经济、过度平均主义的实施使资源短缺、生产效率低下等问题慢慢凸显，逐渐成为生产力发展的一定阻碍。

二、农业领域推进共同富裕的实践探索

新中国成立初期，我国依旧是一个发展较落后的农业国，工业化程度较低，人民温饱还是当时治国理政的重大问题。关于从一个发展落后的农业国转变为一个发达先进的工业国，最终达至共同富裕的思路，1955年10月毛泽东同志在《在资本主义工商业社会主义改造问题座谈会上的讲话》中清楚提出，"我们还是一个农业国。在农业国的基础上，是谈不上什么强的，也谈不上什么富的。但是，现在我们实行这一种制度，这么一种计划，是可以一年一年走向更富更强的，一年一年可以看到更富更强些。而这个富，是共同的富，这个强，是共同的强，大家都有份"④。基于新中国成立初期我国依旧是一个工业基础薄弱的农业国的实际情形，毛泽东同志认为，为了实现我国的工业化、现代化，我国必须首先解决土地的问题，将农民从侵略者、买办、地主等人手里解放出来，节制资本、平均地权，实行土地革命。解放战争时期，在全国土地会议上我们党就通过了《中国土地法大纲》，明确指出对封

---

① 中华人民共和国国家统计局.中国统计年鉴(1983)[M].北京:中国统计出版社,1983:13—22.
② [美]莫里斯·迈斯纳.毛泽东的中国及后毛泽东的中国[M].杜蒲,李玉玲,译.四川:四川人民出版社,1990:542.
③ 李东来.市民学堂[M].广东:广东人民出版社,2007:136.
④ 毛泽东文集(第6卷)[M].北京:人民出版社,1999:495.

建和半封建土地进行收缴,将乡村中地主的土地收归国有,再分配给农民,完成了土地使用权的私有、土地所有权的国有。新中国成立之后,我们党始终坚持土地所有权的公有制,而在使用权方面则是将土地较为平均地分配给农民进行种植。截至1953年,全国差不多3亿的无地和少地农民获得了多达7亿亩土地的分配。① 农民获得土地后,参加生产的热情和积极性更加高涨。

为了更迅速、更有效地提高农业生产,也为了让全体农村人民共同富裕起来,同时避免贫富的两极分化和资本主义自发势力的扩张,毛泽东同志非常重视互助合作进行农业生产的方式,主张走农业集体化、合作化道路,1955年7月毛泽东同志在《关于农业合作化问题》中明确指出:"这个问题,只有在新的基础之上才能获得解决。这就是在逐步地实现社会主义工业化和逐步地实现对于手工业、对于资本主义工商业的社会主义改造的同时,逐步地实现对于整个农业的社会主义的改造,即实行合作化,在农村中消灭富农经济制度和个体经济制度,使全体农村人民共同富裕起来。"②在农业生产基本从战争创伤中恢复以后,我们党开始逐步引导农民踏上农业集体化、合作化的发展道路。通过依次组建农业生产互助组、初级农业生产合作社、高级农业生产合作社的方式,我们党在农村中逐步建立起了生产资料的社会主义集体所有制。农业合作社的开展使被小农经济束缚的生产力得到解放,改善了农户经营规模小、生产资料缺乏等状况,有效防止农民之间的贫富两极分化。截至1956年底,96.3%的农户加入合作社。截至1957年,高级社数量为75.3万个,96%以上的农户加入高级社。农业合作化后期,农业机械化也提上了经济建设日程。毛泽东同志还制定了农业机械化的实现步骤,不断缩小工农之间的差距,使工农联盟不断得到巩固和加强。

通过开展农业合作社,一方面,集体生产打破了小生产的限制,发挥出更大的生产力的作用,农业生产获得显著提升,农民缺少生产资料以及劳动力等问题得以缓解,生活水平得到提高;另一方面,农村因买卖土地而导致的贫富分化问题得以有效解决。1949—1978年,人均粮食、棉花、油料、猪牛羊肉斤数分别从418、1.64、9.47、11.9斤增长至637、4.53、10.91、17.9斤。③ 集体经济不仅使我们党在农村有效整合了农民的土地和生产资料,开展农业合作化耕作,不断提高农业机械化的程度,提高农业生产率,而且充分利用新中国成立初期农村劳动力密集的特点,在农

---

① 马齐彬,等.中国共产党执政四十年(1949—1989)[M].北京:中共党史资料出版社,1989:18.
② 毛泽东文集(第6卷)[M].北京:人民出版社,1999:437.
③ 中华人民共和国国家统计局.中国统计年鉴(1983)[M].北京:中国统计出版社,1983:184.

闲季节组织人力、调拨资金开展农田水利基础设施的建设,增加了农田的灌溉面积,有效治理了长江、黄河等水域的水患。由此可见,农业合作化是实现农民共同富裕的重要经济组织形式。

除此之外,党还在农村建立起基本的社会保障网络,通过设立卫生院、赤脚医生队伍等举措为农村地区提供基层、普惠的医疗服务,消灭了血吸虫病、霍乱、疟疾、鼠疫等疾病。党也在农村开展了广泛的扫盲运动,通过农校、夜校等形式将先进的农业科技、文化知识传授给农民,大大提升了农村的识字率,推动农业生产的同时丰富了农民的精神世界。

三、工业领域推进共同富裕的实践探索

新中国成立之初,我国的经济文化建设较为落后,工业基础尤其薄弱,"能造桌子椅子,能造茶碗茶壶,能种粮食,还能磨成面粉,还能造纸,但是,一辆汽车、一架飞机、一辆坦克、一辆拖拉机都不能造"[1]。据统计数据,1949年中国工业产值占国民收入的比重仅为12.6%,而重工业产值占工业总产值的比重更是只有26.4%。毛泽东更加深刻地认识到,共同富裕的实现仅仅依靠农业是远远不够的,"自己没有工业,粮食不够得进口,棉花得进口,工业品也得进口"[2]。实现工业化是改变中国贫穷落后面貌的必经之路,实现工业化是国家发展富强必不可少的经济基础。毛泽东同志明确指出:"没有独立、自由、民主和统一,不可能建设真正大规模的工业。没有工业,便没有巩固的国防,便没有人民的福利,便没有国家的富强。"[3]所以,积贫积弱的中国在当时面临着把一个发展落后的农业国改造成一个发达先进的工业国的艰巨任务。

为了实现社会主义工业化,稳步有序地开展我们国家的工业化建设,我国实施了三个五年计划。五年计划是中国国民经济规划的核心组成部分,属于长期规划,主要针对国家重大建设项目、生产力布局以及国民经济的关键比例关系进行规划,旨在为国家经济发展设定长远目标和方向。第一个五年计划(1953—1957年)的核心任务是全力推进工业化和加速社会主义改造,在工业化方面,我国以苏联援助的156个项目为中心,实施了包括694个大中型项目在内的工业建设。一五计划选择

---

[1] 毛泽东文集(第6卷)[M].北京:人民出版社,1999:329.
[2] 毛泽东文集(第8卷)[M].北京:人民出版社,1999:214.
[3] 毛泽东选集(第3卷)[M].北京:人民出版社,1991:1080.

了与苏联相似的工业化路径,即高积累、优先发展重工业的路径,结果不仅超额完成了任务,而且实现了国民经济的快速增长,为我国的工业化打下了初步基础。第二个五年计划(1958—1962年)的前半段主要围绕"大跃进"和人民公社化运动,但随后由于发展不平衡导致经济结构失调,引发了三年经济困难,后半段则重点调整国民经济结构。在工业化建设上,我国继续以重工业为核心,逐步推进技术改造,为社会主义工业化打下了坚实的基础。第三个五年计划(1966—1970年)跨越了"文化大革命"的早期,标志着国家的工作重心开始从经济建设转向政治运动,经济建设受到了一定影响。在工业建设方面,国防建设成为首要任务,毛泽东同志特别强调工业布局的调整,认为在充分利用沿海工业基地的同时,也必须大力发展内地工业,以实现工业发展的均衡。在此期间,我国加快了"三线建设"的步伐,这是一场以战备为导向的大规模国防、科技、工业和交通基础设施建设。"三线建设"促进了大量工业企业向内陆转移,提高了内地工业产值比重,改变了工业过度集中在东部沿海的局面,优化了工业布局,推动了区域协调发展。

社会主义革命和建设时期,在短短不到三十年的时间里,我国工业化建设成效显著,经济发生了翻天覆地的变化,国家工业基础极大增强,工业体系逐步形成,一举成为世界上六个最大的工业国之一。20世纪70年代末,我国已经建立起拥有石油、煤炭、电力、钢铁、机械制造、航天、航空、原子能、化工、轻纺业等门类齐全的工业体系,能够制造汽车、火车、喷气式飞机、原子弹、氢弹、电子计算机等,在发射运载火箭、卫星等领域迈入世界先进行列。我国经济快速恢复与发展的同时,人民生活水平显著提高。1953—1956年,全国工业总产值平均每年增长19.6%,农业总产值平均每年增长4.8%。[①]"1957—1975年,中国的国民收入翻了一番多";"1952—1972年,每十年的增长率高达64.5%(人均34%)"[②]。我国快速发展的工业化为共同富裕奠定了坚实基础。

第二节 改革开放和现代化建设新时期共同富裕的实践

在改革开放和社会主义现代化建设新时期,以邓小平同志为主要代表的中国

---

① 中共中央文献研究室.十一届三中全会以来重要文献选读(上册)[M].北京:人民出版社,1987:307.
② [美]莫里斯·迈斯纳.毛泽东的中国及后毛泽东的中国[M].杜蒲,李玉玲,译.四川:四川人民出版社,1990:540.

共产党人做出了将党和国家的工作重心转移到经济建设上来,走改革开放道路的重要决策,开启了中国特色社会主义道路。通过让一部分地区和一部分人先富起来,先富带后富的方式,开创了新时期共同富裕道路的创新探索。

一、改革开放初期推进共同富裕的实践探索

"社会主义的本质,是解放生产力,发展生产力,消灭剥削,消除两极分化,最终达到共同富裕。"[①]在改革开放和社会主义现代化建设新时期,我们党坚持解放思想、实事求是的思想路线,打破了计划经济等于社会主义的观念束缚,转变了单一公有制的惯性思维,通过一系列经济体制改革举措激发我国的经济活力,大力促进生产力的发展,"让一部分人、一部分地区先富起来,大原则是共同富裕。一部分地区发展快一点,带动大部分地区,这是加速发展、达到共同富裕的捷径"[②]。

在农村地区,我们党结合新形势的发展推行家庭联产承包责任制改革,突破了平均主义、"大锅饭"的分配方式。1979年9月,党的十一届四中全会通过的《决定》明确指出,农村分配上坚决纠正平均主义,可以按定额记工分,可以按时记工分加评议,也可以包工到组,联产计酬。1983年,《当前农村经济政策的若干问题》发布,文件提出"包产到户是社会主义集体经济的生产责任制",通过"包"字将劳动者的劳动与生产成果紧密结合,明确责任与权利,有效消除了平均主义,促进了生产发展,并在发展多种经营、商品生产、农业技术改造和农村建设等方面提出了新政策。1985年元旦,第四个中央一号文件——《关于进一步活跃农村经济的十项政策》出台,文件规定:取消农产品统购统销制度,大力调整农村产业结构,进一步放宽山、林区政策,积极兴办乡村交通,放活农村金融,扩大城乡交流,等等。[③] 通过家庭联产承包责任制改革,我国实现了土地集体所有权和经营权的分离,建立以家庭为单位的新型农业生产模式,激发了农民的活力和积极性,提升了农业生产效率。同时,我们党还结合新时期农村劳动力富余的基本情况,鼓励地方政府兴办劳动密集型的乡镇企业,并通过政策上的不断放开允许并鼓励农民进城务工,实现农村富余劳动力由第一产业向二、三产业的转移,大大拓宽了收入来源,提高了农户家庭的现金收入和生活水平。

---

① 邓小平文选(第3卷)[M].北京:人民出版社,1993:373.
② 邓小平文选(第3卷)[M].北京:人民出版社,1993:166.
③ 许人俊.家庭联产承包责任制在争论中艰难推进[J].党史博览,2008(12):4—10.

在城市地区，一方面我们党转变过去单一公有制经济发展的思路，通过引入个体经济、民营经济，鼓励竞争以提高企业的效率，提升我国经济的动能。1980年中共中央《关于转发全国劳动就业工作会议的文件通知》提出："允许个体劳动者从事法律许可范围内不剥削他人的个体劳动，这种个体劳动是社会主义公有制经济的不可缺少的补充。"[1]1981年，国务院发布《关于城镇非农业个体经济若干政策性规定》，明确指出各部门"应当认真扶持城镇非农业个体经济的发展，在资金、货源、场地、税收、市场管理等方面给予支持和方便"。1983年，国务院又发布《关于城镇非农业个体经济若干政策性规定》的补充规定，进一步放松个体经济相关政策。[2] 另一方面，我们党也改变了过往在国营企业内实施的平均主义分配方式，强调责权利相结合，职工劳动收入与劳动付出相联系，充分体现多劳多得、少劳少得的原则。1984年4月，国务院发布《关于国营企业发放奖金有关问题的通知》，宣布：发放奖金要同企业的经济效益挂钩，扩大了企业的财权和利润留成。[3] 1985年1月，国务院发布《关于国营企业工资改革问题的通知》，决定即刻起在国营大中型企业中推行职工工资总额与企业经济效益相联系，按比例浮动的模式。[4]

此外，结合新时期有利于我国经济发展的国际形势，邓小平同志指出要坚持对外交流、对外开放的理念，学习借鉴发达国家有益的发展经验、科学技术和组织管理方式。1979年7月，考虑到广东和福建两省的自然条件和地理优势，中央决定赋予它们更大的对外经济活动的自主权，允许它们率先发展。1980年5月，中央决定将深圳、珠海、汕头和厦门设立为经济特区。1984年5月，党中央和国务院批准了《沿海部分城市座谈会纪要》，决定全面开放我国的14个沿海港口城市，并明确了扩大这些城市权限以及对外商投资提供若干优惠政策的具体措施。1990年4月，党中央和国务院正式批准开发并开放上海浦东，允许在浦东实施经济技术开发区政策和部分经济特区政策。通过逐步设立经济特区、沿海开放城市等举措，我国吸引了大量的华侨资金、外国资金，引入了先进的科学技术和管理模式，补足我国资金、技术短板的同时发挥了我国劳动力富足的优势，极大地推动了生产力的发展。

---

[1] 张卓元.论中国所有制改革[M].江苏：江苏人民出版社，2001：51—52.
[2] 刘隆.中国现阶段个体经济研究[M].北京：人民出版社，1986：145—152.
[3] 许新三.邓小平共同富裕思想再解读[M].北京：经济科学出版社，2009：111.
[4] 孙居涛.制度创新与共同富裕[M].北京：人民出版社，2007：4.

二、市场经济体制初步建立时期推进共同富裕的探索

随着改革开放的不断推进,在邓小平同志让"一部分地区发展快一点"的指示下,我国东部尤其是沿海地区率先发展起来,但广大中部和西部地区的经济发展仍然比较滞后。为了缩小我国东部和中西部地区间经济发展的差距、百姓收入的差距,以先发地区带动后发地区、先富带动后富,江泽民同志适时提出了"西部大开发"战略,增大国家对中西部地区的资金投入,通过产业政策的合理引导为中、西部地区吸引更多的资金和技术,鼓励中、西部地区因地制宜,建立有国内、国际竞争力的品牌企业,在不断的发展中逐步缩小地区间的差距,最终达至全体人民的共同富裕。我们党在领导推进西部大开发时对基础设施建设与资源开发项目进行了优先安排,这在改善西部地区生活条件与投资发展环境的同时,也使当地的资源优势得以发挥。不仅如此,生产生活条件的改善还有利于激发西部地区民众建设中国特色社会主义的蓬勃热情,开发而非救济式的帮扶手段也有助于民众自主能力的培养,使其能够以社会主义建设者的身份共享改革发展成果,最终实现共同富裕。此外,江泽民同志还积极倡导先富起来的东部地区将自身在技术、人才、管理和信息等方面的优势与西部地区在自然资源、潜在市场等方面的优势结合起来,这无疑有利于推动西部地区生产力的发展并促进东西部地区的共同富裕。

江泽民同志在任中共中央总书记期间高度重视民生问题,国企改革期间,大量城市下岗职工陷入生存困境。对此,江泽民强调就业是民生之本,在积极解决城镇居民再就业问题的同时,还通过建立国有企业下岗职工基本生活保障制度、失业保险制度和城市居民最低生活保障制度"三条保障线"使下岗职工的基本生活得到保障,维持了社会的稳定与发展。江泽民同志也积极在农村开展扶贫工作,为补齐共同富裕突出短板做出了特殊贡献。江泽民同志高度重视"三农"问题的合理解决,尤其强调在农村地区加大扶贫开发力度,以长远发展而非短期救济帮助农民实现脱贫致富。1994年,江泽民同志主持实施"八七扶贫攻坚计划",截至2000年计划完成时,我国在七年时间内将贫困人口从8 000万减少至3 000万,农村贫困人口占总人口的比例从8.72%降至约3%。同时,全国592个国家级贫困县的农民人均纯收入也从648元增长至1 339元。到了2002年,我国贫困乡镇的农村居民人均纯收入提升至1 922元,而人均纯收入不足1 000元的贫困人口数量也从18.1万减

少至 3.7 万[①],农村贫困人口的温饱问题基本得到解决。而且,在宏观层面,开发式扶贫为我国开展现代化建设提供了人力物力支持,有利于进一步夯实谋求全体人民共同富裕的物质基础;在微观层面,开发式的扶贫方略使贫困地区的生产条件得到极大改善,贫困人口也在促进当地生产力发展的过程中积累了更多的人力资本,有利于贫困人口的自力更生与贫困地区的长远发展。此外,江泽民通过推进开发式扶贫逐步取代传统的救济式扶贫,有利于发扬自强不息、艰苦奋斗的精神风貌,动员广大干部群众积极参与到中国特色社会主义现代化建设的事业中,在党中央的正确领导下以主人翁的姿态合力推进我国的共同富裕实践。

三、市场经济体制初步完善时期推进共同富裕的探索

在胡锦涛同志任中共中央总书记期间,我们党将"三农"问题作为全党工作的关键重心。2003 年 12 月 30 日,中央发布了改革开放以来第六个以"三农"问题为核心的中央一号文件,强调将农业作为中央工作的重点,并具体规划了农村改革和农业发展的方向。2005 年 1 月 30 日,第七个聚焦农业的一号文件公布。2006 年 2 月 21 日,新华社发布了以"建设社会主义新农村"为主题的中央一号文件,标志着解决"三农"问题的重大战略部署。文件中提出,五年内乡镇机构编制只减不增以维护社会稳定;到 2007 年免除农村义务教育学杂费;自 2006 年起,中央和地方财政将显著提高补助标准,并计划到 2008 年在全国范围内普及新型农村合作医疗制度;同时,清理对农民工就业的歧视性规定,并逐步建立农民工社会保障体系。紧接着,在 2007 年 1 月 29 日和 2008 年 1 月 30 日,中央连续发布了两个关注"三农"问题的一号文件。2009 年 2 月 1 日,《中共中央国务院关于 2009 年促进农业稳定发展农民持续增收的若干意见》发布;2010 年 1 月 31 日,《中共中央国务院关于加大统筹城乡发展力度进一步夯实农业农村发展基础的若干意见》出台,一系列新的涉农政策和措施被公布。中央一号文件的连续出台,不仅保持了政策的连续性和稳定性,而且进一步完善了"三农"工作,中央财政对农业的支持力度逐渐增强,农村基础设施建设、社会保障、税费改革以及城乡一体化发展都取得了显著进展。这些政策和措施极大地提升了农村和农民的生产生活条件,缩小了城乡差距,推动了全体人民共同富裕的进程。

---

① 数据来源:国家统计局。

在党的十六大报告中,胡锦涛同志强调了支持东北地区等老工业基地的调整和改造,以促进这些地区的振兴,减少与东部地区的发展差距,并推动全体人民共同富裕。国务院在2003年的9月、10月、12月间以及2004年的8月里连续出台一系列指导方针、重点任务和具体政策举措,以支持东北地区等老工业基地的快速调整和改造,并鼓励采用新思路、新体制、新机制和新方式,探索振兴老工业基地的新路径。2006年,振兴东北老工业基地的政策被正式确定为国家战略,使东北三省成为中国继长江三角洲、珠江三角洲之后的第三个重要经济区域。2009年9月,国务院批准了《关于进一步实施东北地区等老工业基地振兴战略的若干意见》;2012年3月4日,国务院又批准了东北振兴"十二五"规划。自振兴东北战略实施以来,东北地区的老工业基地焕发了新的活力:国有企业在体制和机制上实现了创新,国有企业改革取得了实质性进展,多种所有制经济共同发展,促进了经济结构的优化,提升了自主创新能力,并显著提高了对外开放水平。此外,一些长期存在的民生问题逐步得到解决,基础设施得到了明显改善,城乡居民的生活水平也有了显著提升。

21世纪初,在胡锦涛共同富裕思想的引领下,我国经济获得快速发展。胡锦涛坚持以发展为第一要义的科学发展观,综合运用鼓励科技创新、激发市场活力、加强宏观调控等多种手段促进我国经济又好又快发展。由于发展基础薄弱、改革开放推进还不够深入,2003年,我国的国民生产总值仅为13.7万亿元。但到2010年,我国的GDP跨过40万亿元,跃升至世界第二大经济体,经济实力显著增强。到2013年,我国更是在十年间实现GDP"翻两番"的经济增长奇迹,GDP增长到59.3万亿元,为实现全体人民共同富裕提供了更为充足的物质条件。[①]

第三节　中国特色社会主义新时代共同富裕的实践

中国特色社会主义进入新时代,以习近平同志为主要代表的中国共产党人把人民对美好生活的向往作为矢志不渝奋斗的目标,"坚持以人民为中心的发展思想,不断促进人的全面发展、全体人民共同富裕"[②]。我们党将"两个一百年"奋斗目

---

① 数据来源:国家统计局。
② 习近平.决胜全面建成小康社会 夺取新时代中国特色社会主义伟大胜利[N].人民日报,2017-10-28.

标逐步向前推进,在全面建成小康社会的基础上再进一步,确定全体人民共同富裕实现的时间表,为全体人民共同富裕的未来愿景做出基本战略安排。

一、在脱贫攻坚和乡村振兴中推进共同富裕的实践

党的十八大以来,以习近平同志为核心的党中央高度重视贫困人群特别是农村贫困人群的脱贫工作,将扶贫攻坚定位为实现全面小康社会目标的关键任务。在以习近平同志为核心的党中央的引领下,各级地方政府全力以赴,共同致力于扶贫工作,带领人民致力于消除贫困,仅用八年时间完成了消除绝对贫困和区域性整体贫困。综观世界,有且只有中国能够在如此紧迫的时间内解决人口规模如此庞大的贫困问题,实现历史对人民的承诺。

进入中国特色社会主义新时代以来,我们党在农村地区提出了教育、健康、金融多个领域精准扶贫、精准脱贫的新战略,打出了对准贫困县考察机制、约束机制和退出机制的组合拳,为扶贫工作做好体制机制保障,根据贫困人口每家每户的特点、原因、详情和程度,采取有针对性的扶贫举措,确保扶贫资源真正能够帮助贫困地区、贫困人口。通过建立特色产业,教育扶贫、科技扶贫,扶贫必扶智等方式,激发贫困人口的自身动能、积极性,提升贫困户的自身"造血"能力,力求建立有效、稳固的扶贫长效机制,防止返贫现象的出现,并将低保覆盖范围扩大以包含完全或部分丧失劳动能力的贫困人口,实现社保政策兜底脱贫,让广大农村贫困人口从衣、食、住、行等生存性需求的困扰中解放出来,更进一步实现发展性需求,丰富物质生活的同时丰富精神生活。2020年,尽管受到突发"新冠"疫情的影响,在党中央的坚强领导下,我国如期实现脱贫攻坚目标。现行标准下,9 899万农村贫困人口全部脱贫,832个贫困县全部摘帽,12.8万个贫困村全部出列,区域性整体贫困得到解决,完成了消除绝对贫困的艰巨任务。我国向全体人民共同富裕道路迈出关键一步,阶段性达成我们党在改革开放初期制定的实现共同富裕的历史目标,为最终实现共同富裕打下坚实基础。

我们党还明确指出,农村农业现代化是缩小城乡差距、解决我国经济发展不平衡问题的根本策略。在中国经济和社会步入新发展阶段的背景下实现农业高质量与高效率,打造宜居宜业的新农村,保障农民生活富足是农村农业现代化的根本目的。在保障农产品供应足够的前提下,我们党带领农村居民充分运用数字经济和现代化服务业来提升农村的现代化水平,发展都市化农业、智慧农业、数字乡村等

新业态新模式,推动农村一二三产业的融合发展,最终达到城乡共同富裕的目标。各级地方政府的政策措施主要包括建设农产品加工园,发展乡村休闲旅游,关注现代智慧和生态农业技术等,通过政策引导逐步提升农村农业现代化水平。此外,我们党继续坚持多年来在农村地区实行的乡村振兴战略,不断补足农村地区的短板,努力缩小城乡之间的差距,按照产业兴旺、生态宜居、乡风文明、治理有效、生活富裕的总要求,推进农村农业的现代化,力求把农村建设成为安居乐业的美丽家园。

自党的十八届三中全会以来,我国在土地制度方面进行了全面深化改革,确立了城乡一体化的建设用地市场,并赋予农民土地承包经营权的抵押和担保等财产权利,以期提升农村居民的财产性收入。此外,新时代背景下,中央陆续推出了一系列旨在增加农民收入的农业支持政策,包括直接补贴种粮、优质种子补贴、农资综合补贴以及农业机械补贴等。除了直接对农民进行补贴外,中央财政还对那些粮食和油料产量大的县市实施奖励政策。通过这些政策措施,我们党正积极引导农民改变传统的农业发展模式,建设现代化农业,加大农业支持政策力度,促进农民增收,全面推进农村改革,激发农村发展活力,推进农村地区共同富裕事业的发展。

二、在建立现代化经济体系中推进共同富裕的实践

面对党的十九大报告中提出的我国社会主要矛盾的新变化,制约人民美好生活需要的、经济发展过程中的不平衡、不充分问题,以及领导全体人民实现共同富裕的历史使命,我们党始终将发展作为治国理政的核心任务,明确没有坚实的物质技术基础,是无法实现社会主义现代化强国的建设目标,实现全体人民的共同富裕的。为推动经济高质量发展,构建以国内大循环为主体、国内国际双循环相互促进的新发展格局,我们党坚持把发展经济的着力点放在实体经济上,毫不动摇巩固和发展公有制经济,毫不动摇鼓励、支持、引导非公有制经济发展,推动新型工业化、制造业高端化、智能化、绿色化发展,加快打造制造强国、质量强国、数字中国,建设现代化产业体系,依靠不断的发展来实现全体人民共同富裕的伟大目标。

具体而言,在中国特色社会主义新时代,我们党通过宏观政策调整战略格局,进行了战略性产业结构调整、区域结构调整、行业结构调整,通过提升内需重新构建国内国际双循环的经济循环结构,通过采用供给侧结构性改革、国有企业改革等多种方式促进实体经济繁荣,自新时代以来取得了诸多历史性成就。自 2012 年以

来，我国不但经济总量突破新高度，对世界经济增长的贡献也稳居全球首位，而且即便在疫情时期以及严峻复杂的国际国内社会环境中依然能够取得经济年均增长5％以上的好成绩。除此之外，我国战略性新兴产业不断发展兴旺，发展的平衡性、协调性、包容性持续提高，生态环境状况显著改善，不断向好发展，"一带一路"倡议持续深化和落实，国家创新能力也取得了显著提高。

在"十四五"规划中，以数字经济为代表的高技术产业已成为我国现代化经济体系重要的组成部分，对整体经济的贡献率不断上升，高技术产业也是我国通过建设现代化经济体系实现全体人民共同富裕的战略重点。作为高技术制造业的主体，战略性新兴产业在提升整体经济质量、增强经济国际竞争力、提高人民收入水平方面都发挥着重要作用。各个区域均可通过自身的优势与特色资源加速技术外溢，促进战略性新兴产业的发展，发挥集群的溢出效应，形成自身的竞争优势，缩小区域之间的差距。在保持制造业比重稳定的同时形成具有更高创新力、提供更多附加值和具备更高安全可靠性的产业链、工业链，提升我国现代化水平。促进现代化高端服务业的发展也是以高质量发展实现民生领域共同富裕的重要途径。我国在提升生产性服务业服务质量的同时，也在不断提升生活性和公共性服务业的质量，使居民在教育、住房和医疗上的花销更少，防止资本在民生领域的无序扩张，打破这些行业的垄断暴利，降低生活成本，推动消费升级。除此之外，我国也在着力构建劳动力、资本、创新技术、企业组织相结合的高质量微观生产体系，充分发挥市场对各类创新要素的引导作用。在未来的发展过程中既通过科技的力量直接减少必要劳动时间，增加人类精神生活的时间和空间，也通过更高质量的活劳动实现科技进步发展、创新。不断提高人力资本，培育与经济高质量发展相匹配的高质量劳动和高素质劳动者，为经济高质量发展提供强大的动能，在经济高质量发展中推进我国全体人民共同富裕。

在经济从高速增长向高质量发展和中高速增长转型的背景下，我国面临着就业压力增大等新时代挑战。为了应对这些挑战，我国政府采取了包括减轻小微企业税负、增加公共就业机会、优先支持困难群体就业等多项措施，以缓解就业市场的紧张状况。同时，政府大力推动大众创业和万众创新，鼓励创业与创新相结合，通过这种方式促进就业，发挥协同效应，解决就业问题。为了进一步增强中小企业等市场主体的就业吸纳能力，政府加大了财政和税收政策的支持力度。为了激发公众创业的热情，中央政府将小额担保贷款调整为创业担保贷款，简化了办理流程，并提供了财政贴息，优化了中小企业和新创企业的经营环境。此外，农民、高校和科研机构的专业人员在创业和创新方面也得到了更多的支持。

建设现代化经济体系,推动生产力的发展,离不开人民群众的积极性、主动性、创造性。要举全民之力推进中国特色社会主义事业的发展,只有先把蛋糕不断做大,才能解决好分好蛋糕的问题;只有坚持推动高质量发展,不断实现经济质的有效提升和量的合理增长,才能为我国的共同富裕道路打下牢固的基础。

三、在落实共享发展理念中推进共同富裕的实践

为缩小区域间发展、公共服务水平的差距,使经济发展惠及全体人民,习近平同志在2015年10月召开的党的十八届五中全会第二次全体会议上提出"创新、协调、绿色、开放、共享"的新发展理念,针对时下发展中存在的弊端,顺应时代变化,力求解决好经济发展中的分配问题,共享发展使"人人享有、各得其所"。新发展理念对于解决发展中的问题、增强发展动力和建立发展优势具有重要的指导作用。总体而言,这五大理念涵盖了发展的多个方面,它们相互联系、相互促进。共享发展的核心是解决分配中的公平问题,特别是在我国经济增长过程中分配不均的问题。新发展理念的提出确保了共享理念在发展过程中的全面实施,为"创新、协调、绿色、开放"的发展目标奠定了基础,并明确了发展的最终目标。自党的十八大以来,党中央和国务院提出了一系列区域协调发展战略,如京津冀协同发展、长江经济带发展、粤港澳大湾区建设、长三角区域一体化发展、黄河流域生态保护等,并推动了中部地区的高质量发展和成渝地区双城经济圈的建设。这些战略旨在加快东部沿海地区的现代化进程,同时实现东北地区的全面振兴、中部地区的崛起和西部地区的大开发,确保全国各地区人民都能享受到我国经济高质量发展的成果。党的十八大以来,共同富裕政策措施也更加注重民生,将民生保障提升到与经济建设同等重要的位置。这改变了过去重视经济建设而忽视社会建设、重视经济增长而忽视民众福利的倾向,摒弃了"唯GDP论",从人民的需求出发,积极推进以民生为导向的改革。坚持将维护和发展最广大人民的根本利益作为改革的出发点和落脚点,确保发展成果能够更广泛、更公平地惠及全体人民。

高质量经济发展也要求更合理的收入分配制度,经济发展需要根据发展的具体情况适时地调整、处理好"效率"和"公平"的关系。在改革开放的头三十年中,我国为促进生产力的发展,更多地将"效率"置于"公平"之前,收入水平整体提高的同时个体间的收入差异却较大,体现贫富差距的基尼系数呈逐渐上升的态势。在中

国特色社会主义新时代,经济发展不仅仅是做大蛋糕的问题,同时更是如何分好蛋糕的问题。党的十九大报告提出,我国要在新时代经济高质量发展中提高就业质量和人民收入水平,"坚持按劳分配原则,完善按要素分配的体制机制,促进收入分配更合理、更有序","坚持在经济增长的同时实现居民收入同步增长、在劳动生产率提高的同时实现劳动报酬同步提高"[①],提升低收入者的收入,扩大中等收入群体,形成橄榄型的社会阶层结构,体现社会主义按劳分配原则的同时缩小个体间的收入分配差距,从而更充分地体现社会主义制度的优越性,使人民群众的获得感不断提升。同时,还要调整好初次分配、再分配,乃至三次分配间的关系,履行好政府再分配的调节职能。在初次分配中注重提高劳动生产率,增加劳动者报酬的比例,以此刺激消费。健全按要素分配的制度,落实五大生产要素的市场化配置,鼓励进行投资,增加财产性收入。在二次分配过程中完善再分配调节机制,对因初次分配导致的收入差距进行纠正,将社会保障的待遇水平稳定提升,对困难地区实现有效的转移支付,加快对基本公共服务的补齐与完善。在第三次分配的过程中加强社会保障体系与慈善事业之间的联系,鼓励个人捐献,形成覆盖全国的慈善网络。并推进基本公共服务的均等化,在教育方面保障每个公民都有受教育的权利;在住房领域加快推动住房保障和供应体系建设,让我国人民都能够安居乐业。

---

① 习近平.决胜全面建成小康社会 夺取新时代中国特色社会主义伟大胜利[N].人民日报,2017-10-28.

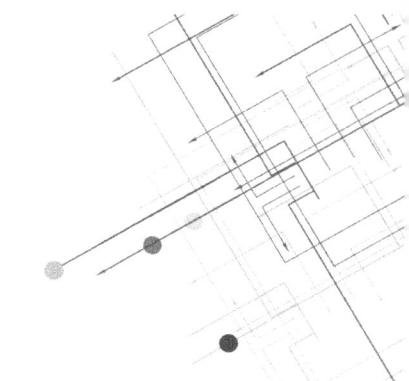

第五章

扎实推进实现共同富裕的现实基础

新中国成立以来,经过几代中国共产党人和中国人民的不懈努力,我国推动国民经济和社会发展取得巨大成就,各项事业不断发展进步。特别是党的十八大以来,以习近平同志为核心的党中央审时度势、锐意进取、攻坚克难,把逐步实现全体人民共同富裕放在更加重要的位置上,高度重视保障和改善民生,脱贫攻坚战取得全面胜利,小康社会全面建成,正在向第二个百年奋斗目标阔步迈进。我国从"摆脱贫困"转向"扎实推进共同富裕"的伟大变革是全方位、深层次的。经过长期的实践探索,我国已成功为推进全体人民共同富裕的伟大事业打下牢固的政治基础、制度基础、物质基础和社会基础。这些坚实的基础和现实条件决定了在新时代新征程中党必将团结带领全体人民向实现共同富裕不断迈进。

第一节 党的领导是实现共同富裕的政治基础

中国共产党是中国特色社会主义事业的领导核心。共同富裕是马克思主义的崇高社会理想,是中国共产党人矢志不渝的奋斗目标。中国共产党人的初心和使命,就是为中国人民谋幸福,为中华民族谋复兴。我们党坚持立党为公、执政为民,领导人民创造和共享更多财富。扎实推动共同富裕,必须坚持党的全面领导。只有坚持党的领导,人民群众才会拥有更多的获得感、幸福感、安全感,共同富裕才能够稳步推进,不断取得新成效。

一、党对扎实推进共同富裕做出科学谋划和系统部署

党的十八大以来,以习近平同志为核心的党中央对共同富裕的理解和重视程度上升到了新的高度。习近平就共同富裕发表了一系列重要论述,强调要深入研究不同阶段的目标,分阶段促进共同富裕,并做出一系列重大部署,为推进全体人民共同富裕提供了行动指南。

推进共同富裕是一项系统工程。党的二十大报告明确指出,"共同富裕是中国特色社会主义的本质要求,也是一个长期的历史过程"[①]。党中央根据我国社会主要矛盾的新变化,对推动共同富裕的相关重大问题进行顶层设计和总体布局,对共同富裕进程进行阶段划分:"到'十四五'末,全体人民共同富裕迈出坚实步伐,居民收入和实际消费水平差距逐步缩小。到2035年,全体人民共同富裕取得更为明显的实质性进展,基本公共服务实现均等化。到本世纪中叶,全体人民共同富裕基本实现,居民收入和实际消费水平差距缩小到合理区间。"[②]党中央的重大战略部署绘制出扎实推动共同富裕的时间表和路线图,顺应了新时代发展的要求和方向,符合全体人民的共同利益,充分彰显了党的初心使命。

中国共产党站在总的高度上认识共同富裕,针对关系共同富裕的重要问题做出战略部署,做好推进共同富裕工作的顶层设计,对多方主体统筹协调,督促各项工作高效落实。党不断深化改革,使生产力实现更大程度的解放与发展,并且及时完善社会主义生产关系,在把握共同富裕全局中推进各项工作,党的领导优势转化为实现共同富裕的现实路径。党中央加强推动城乡融合和区域协调发展的顶层设计,深入实施乡村振兴、新型城镇化、京津冀协同发展、长江经济带建设等一系列重大发展战略;重视民生领域的方方面面,出台政策保障和改善民生,推动实现基本公共服务均等化、人民基本生活保障水平大体相当的目标等。这些制度安排都为推进共同富裕指明了具体行动方向。

党既脚踏实地办好当前的事情,又着眼长远、把握大势,从战略上谋划长远发展,用中长期规划指导经济社会发展,有利于政府和市场协同发力,有力地推动了经济社会发展和人民生活改善。中国共产党对推进共同富裕做出全面部署,对发

[①] 习近平. 高举中国特色社会主义伟大旗帜 为全面建设社会主义现代化国家而团结奋斗——在中国共产党第二十次全国代表大会上的报告[M].北京:人民出版社,2022:22.

[②] 习近平.扎实推动共同富裕[J].求是,2021(20).

展思路和重点领域都做出科学安排。在党的集中统一领导下，国家在实现共同富裕方面相关政策的稳定性和连续性得到保证，有利于按照既定规划推动工作部署落地，更好发挥推进共同富裕规划的战略导向作用，坚持一张蓝图绘到底，将宏伟蓝图转化为现实。

二、坚持党的领导有利于充分发挥社会主义制度优势

制度是关系党和国家事业发展的根本性问题。制度优势是党和国家的最大优势。新中国成立以来，党领导人民不断探索，逐步形成了中国特色社会主义制度。中国特色社会主义制度是党和人民长时间以来实践的产物，符合我国国情，自建立以来发挥出巨大作用。中国特色社会主义制度为推进共同富裕提供了根本制度保证。中国共产党的领导是中国特色社会主义最本质的特征，是中国特色社会主义制度的最大优势。发挥制度优势离不开党的领导。只有坚持党的领导，才能把党的政治优势和社会主义制度优势转化为国家治理效能，为推进共同富裕提供强大动力和坚实保障。

我国社会主义制度的突出特点就是能够坚持全国一盘棋，集中力量办大事。集中力量办大事是我们党的优良传统和成就事业的重要法宝。由于我国不同地区之间差异较大，政府在推进共同富裕中的重要职责就是统筹全局，对各方主体进行协调，使制度优势得到最大限度的发挥。在实现共同富裕进程中，我国的国家体制和社会主义制度能够充分调动人民群众的积极性、主动性和创造性，有效整合社会资源，组织和动员社会力量实施重大建设工程项目，推动经济社会持续高质量发展。例如，在党对脱贫攻坚工作的全面领导下，强大的社会动员力通过整合资源和发动群众而凝聚起磅礴力量，广大基层党组织和党员、干部积极响应党中央伟大号召，冲锋向前、攻坚克难。动员全社会参与，构建大扶贫格局，形成全社会共同参与的社会扶贫体系，加深扶贫与扶志和扶智之间的融合，推动脱贫攻坚战取得全面胜利。全党全国各族人民紧密团结起来，在推动共同富裕事业发展上凝聚强大力量，深刻体现出党的领导所具有的鲜明政治优势。

社会主义基本经济制度是中国特色社会主义制度的重要组成部分，在我国经济制度体系中发挥基础性和决定性作用。社会主义基本经济制度从所有制结构、分配制度、市场体制三个方面，规定了我国经济关系的基本原则，明确人们在社会生产中的地位及相互关系，确保经济制度的社会主义属性。基本经济制度同我国

社会主义初级阶段的生产力发展水平相适应,同时能够随着生产力发展而不断完善,推动生产力实现进一步发展,促进发展成果更多更公平惠及全体人民,充分体现出社会主义制度的优越性。我们党毫不动摇地坚持和完善社会主义基本经济制度。在党的坚强领导下,社会主义基本经济制度发挥出显著优势,为共同富裕的实现提供了坚实的经济制度保障。

三、党的领导能够有效防范化解共富路上的风险挑战

中国共产党领导中国人民在推进共同富裕的道路上不断迈出坚实步伐,取得了一系列重大成就。我国经济发展持续面临着国际环境和国内条件深刻而复杂的变化。世界百年未有之大变局加速演进,传统安全和非传统安全风险相互叠加。同时,我国正处在转变经济发展方式的攻关期,多种问题相互交织。加之我国城乡区域发展和收入分配都存在一定差距,各地区推动共同富裕的基础和条件也存在较大差异,因此推进共同富裕的过程中面临严峻的挑战。习近平总书记指出:"共同富裕是一个长远目标,需要一个过程,不可能一蹴而就,对其长期性、艰巨性、复杂性要有充分估计。"[①]

世界百年未有之大变局的时代背景下,我国推进共同富裕进程中面临诸多中长期风险挑战,主要存在于发展动力转换、发展成果共享等方面。随着新一轮科技革命和产业变革深入发展,国际力量对比发生深刻调整,科技创新水平成为影响利益博弈的关键因素。而中国部分关键核心技术受制于人,因此科技创新面临前所未有的封锁打压。技术进步推动经济发展,但同时也可能导致社会不平等程度加大,加重两极分化。例如,日新月异的数字技术在为经济发展注入新的动力的同时,也导致了一定程度的"数字鸿沟",对推进共同富裕造成阻碍。此外,还有许多方面的因素也会为共同富裕的实现带来中长期重大挑战,例如人口老龄化进程加速导致劳动力短缺、社会矛盾多样化影响社会平稳运行、外部环境复杂性和严峻性上升为发展带来风险隐患等。

坚持党的领导是战胜一切风险挑战的根本保证。中国共产党始终坚持以人民为中心的发展思想,立足中国实际国情,脚踏实地、久久为功。面对共同富裕道路上出现的重大风险挑战,我们党始终迎难而上,沉着冷静应对,敢于斗争、善于斗

[①] 习近平.扎实推动共同富裕[J].求是,2021(20).

争,逢山开路、遇水架桥,勇于战胜一切风险挑战。中国共产党协同调动社会各方力量,凝聚成强大合力共同战胜困难挑战。中国经济是一艘巨轮,体量越大,风浪越大,掌舵领航越重要。党将防风险摆在突出位置,领导人民破解各种矛盾和问题,努力实现发展与安全的动态平衡,应对好每一场重大风险挑战,切实把推进共同富裕各项工作做实做好。在风云变幻的世界经济大潮中,只有党能够驾驭好我国经济这艘巨轮,保证我国经济沿着正确方向持续健康发展。只有坚持党的领导,才能够防范化解重大风险挑战,在危机中育先机、于变局中开新局,朝着共同富裕目标稳步迈进。

第二节 基本经济制度是实现共同富裕的制度基础

基本经济制度是经济制度体系中具有长期性和稳定性的部分,处于基础性决定性地位。党的十九届四中全会将社会主义基本经济制度概括为"公有制为主体、多种所有制经济共同发展,按劳分配为主体、多种分配方式并存,社会主义市场经济体制等"[①]。实现共同富裕必须促进中国经济持续稳定发展,做大"蛋糕"的同时也要分好"蛋糕",让人民群众充分共享经济发展带来的效益。社会主义基本经济制度为共同富裕做大"蛋糕"和分好"蛋糕"提供了坚实的制度基础。

一、社会主义所有制为推进共同富裕提供根本保障

所有制形式是社会主义基本经济制度的核心,对分配方式和经济体制都具有决定性作用。我国坚持公有制为主体、多种所有制经济共同发展的所有制结构,既激发了人民群众创造社会财富的积极性和主动性,又促进社会财富为全体人民共享,为新时代推进共同富裕提供了根本保障。

社会主义制度建立之初,我国借鉴苏联模式,实行相对单一的公有制形式,将有限的资源集中起来推进工业化,建立起相对完整的工业体系和国民经济体系。但是单一公有制难以使企业和劳动者发挥生产积极性,经济增长动力不足,并不能

---

① 中共中央关于坚持和完善中国特色社会主义制度 推进国家治理体系和治理能力现代化若干重大问题的决定[M].北京:人民出版社,2019:18.

从根本上促进经济持续发展。在中国特色社会主义道路的实践探索中,公有制为主体、多种所有制经济共同发展的所有制形式逐步形成。

公有制经济是推动共同富裕的主体力量,只有在公有制为主体的条件下,才能够真正实现全体人民共同富裕。以公有制为主体的所有制结构保证了生产资料由社会成员共同占有,能够极大促进社会财富的生产与积累,为共同富裕提供坚实的物质基础。同时能够保证社会公平的实现,为推动全体人民共享发展成果提供制度保障。公有制占据主体地位还可以引导非公有制经济在共同富裕进程中的发展方向。习近平总书记强调:"公有制主体地位不能动摇,国有经济主导作用不能动摇,这是保证我国各族人民共享发展成果的制度性保证。"[1]国有经济在推进共同富裕进程中发挥着极为重要的主导作用。我国做强做优做大国有企业,国有经济在重要行业和关键领域的控制力和影响力都大大增强,充分发挥出对国民经济的战略支撑作用。国有企业不断加大研发投入,带动产业链企业共同参与推进科技攻关,加快科技成果向现实生产力转化。国有企业深入落实区域重大战略,积极承担川藏铁路、西气东输等民生工程,2013年以来累计上缴税费超过20万亿元,投入和引进各类扶贫资金过千亿元。国有经济控制国民经济命脉,对国民经济发展起着重要的战略支撑作用,对于推进科技创新、建设现代化产业体系等都做出重要贡献,有力发挥了国民经济"稳定器"和"压舱石"作用。

非公有制经济是推动共同富裕的重要力量。习近平总书记重申发展非公有制经济"三个没有变",党中央鼓励、支持、引导非公有制经济健康发展的政策导向进一步明确。习近平总书记多次强调坚持"两个毫不动摇",极大激发了各类经营主体的内生动力和创新活力。民营经济是非公有制经济的主要经济组织形式。民营企业既是中国经济发展的主要贡献者,也是共同富裕的重要推动者。党的十八大以来,民营经济快速发展,提供了大量优质就业岗位,吸纳80%以上的城镇劳动力就业。民营企业积极回馈社会,在经济社会发展中展现出责任与担当。在全面打赢脱贫攻坚战历程中,共有12.7万家民营企业参与"万企帮万村"精准扶贫行动,产业投入超过1100亿元,惠及建档立卡贫困人口超过1800万。[2]民营经济不断发展壮大,创造活力充分迸发,在提升经济发展质量、推动科技创新、改善民生等诸

---

[1] 习近平.不断开拓当代中国马克思主义政治经济学新境界[J].求是,2020(16).
[2] 郑备.国务院关于促进民营经济发展情况的报告——2024年6月25日在第十四届全国人民代表大会常务委员会第十次会议上[EB/OL].(2024—06—25)[2024—09—01].http://www.npc.gov.cn/npc/c2/c30834/202406/t20240627_437798.html.

多方面都承担起更大的责任与使命，对于推动共同富裕的贡献度持续提升。

我国坚持完善落实"两个毫不动摇"的体制机制，公有制经济和非公有制经济都获得长足发展，两者相辅相成，共同为促进国民经济发展和提高人民生活水平做出贡献。新时代混合所有制经济蓬勃发展，有利于坚持和完善基本经济制度，激发各种所有制的活力和创造力，将各种所有制经济的优势相融合，促进国有经济和民营经济协同共生，有力支撑国家经济高质量发展和共同富裕的实现。

二、社会主义分配制度促进经济公平与效率的统一

党的二十大报告强调，分配制度是促进共同富裕的基础性制度。实现共同富裕不仅要把"蛋糕"做大，而且要通过公平的分配制度将"蛋糕"分好。我国坚持按劳分配为主体、多种分配方式并存的分配制度，有利于促进分配的效率和公平有机统一，有效体现社会财富创造者与享有者的统一。

社会主义建设时期，我国在分配领域遵循平均主义，虽然保障了人民的基本生活，但是无法调动广大劳动者的生产积极性。因此，我国开始探索新的分配方式，逐步形成了按劳分配为主体、多种分配方式并存的分配制度。为进一步缩小收入差距，我国逐步构建初次分配、再分配、三次分配协调配套的制度体系，形成对分配制度的有益补充。三者在促进共同富裕中的功能是不同的，通过相互协调配套，充分发挥出增进人民福祉的作用。

广大劳动人民的收入主要来源于劳动报酬，因此按劳分配为主体是实现共同富裕的基本要求。在初次分配中，我国坚持按劳分配原则，增加劳动者的劳动报酬，提高劳动报酬在初次分配中的比重。多劳多得的制度安排让劳动者切实感受到收入分配的公平。同时，各种生产要素在做大"蛋糕"的过程中发挥着越来越重要的作用，所以应当在分配制度中有所体现。党的十九届四中全会《决定》指出，健全劳动、资本、土地、知识、技术、管理、数据等生产要素由市场评价贡献、按贡献决定报酬的机制。完善按要素分配的体制机制，拓宽了城乡居民获取财产性收入的渠道，充分体现了知识、技术等创新要素价值。按劳分配与多种分配方式并存使收入分配渠道增加，人们既可以通过付出劳动获得收入，也可以凭借要素所有权参与收入分配，充分调动了全体人民的积极性和创造性。

以市场为主导的初次分配更加注重效率，与此同时还需要以政府为主导的更加注重公平的再分配发挥调节作用以缩小收入差距。政府主要通过税收、社会保

障、转移支付等手段进行再分配调节,不断加大再分配调节力度,适当提高居民收入比重,合理降低政府和企业收入比重。不断完善税收调节机制,更好发挥税收政策对个人减税的重要作用。在教育、医疗卫生、社会保障等领域推动基本公共服务均等化,不断完善公共服务标准,优化公共服务资源配置,高效地为人民群众提供基本公共服务。加大向欠发达地区和农民农村的转移支付力度,为不同地区和城乡之间缩小收入差距提供充足资金支持。

第三次分配基于自愿原则,社会主体主要通过慈善公益事业,自发地将自身收入无偿转移给他人。虽然第三次分配所占份额较小,但是能够在共同富裕的推进过程中对前两种分配方式做出有效补充,充分发挥其调节作用和社会价值。我国重视第三次分配作用的发挥,慈善等社会公益事业获得较大发展,慈善组织提供的养老、育幼、助残等各种社会公共服务则构成了社会福利事业的有力支撑。第三次分配不仅能够进一步弥补初次分配与再分配存在的不足,形成有能力者帮助有需要者的良好社会分配格局,而且能够弘扬社会主义核心价值观和中华传统美德,对于树立正确的财富观、营造和谐社会氛围、促进社会公平正义等方面都具有重要意义。

实践证明,分配制度是促进共同富裕的基础性制度。按劳分配为主体、多种分配方式并存的收入分配制度适应我国社会主义初级阶段生产力发展水平,有利于正确处理效率与公平之间的关系:既充分发挥出激励作用,广泛地调动起人民群众的积极性,创造经济快速增长的奇迹,共同将"蛋糕"做大;又避免了贫富差距悬殊和社会两极分化,收入差距逐渐缩小,将"蛋糕"切好,让全体人民共享改革发展的成果,稳步推进全体人民共同富裕。

三、社会主义市场经济体制激发社会财富创造活力

在推进共同富裕的过程中,社会主义市场经济体制能够处理好政府与市场的关系,使市场和政府充分发挥各自的作用,实现有效市场和有为政府的更好结合。习近平总书记指出:"我国经济发展获得巨大成功的一个关键因素,就是我们既发挥了市场经济的长处,又发挥了社会主义制度的优越性。"[①]用好"看不见的手"和

---

① 中共中央文献研究室编.习近平关于社会主义经济建设论述摘编[M].北京:中央文献出版社,2017:64.

"看得见的手",实现有效市场和有为政府更好结合,为推动共同富裕创造了良好条件。

我国在社会主义建设时期实行计划经济体制,以国家指令性计划对资源进行配置,忽视了市场客观规律,导致资源配置效率低下、经济发展活力缺乏等问题。改革开放以来,社会主义市场经济体制逐步建立,创造性地将社会主义与市场经济有机结合,实现了从高度集中的计划经济体制到兼顾效率与公平的社会主义市场经济体制的历史性转变。从1979年到2023年我国经济年均增长8.9%,远高于同期世界经济3%的平均增速。① 2023年我国国内生产总值超过126万亿元人民币,与1978年比经济规模增加了47倍,创造了世界经济发展史上的伟大奇迹。

一方面,社会主义市场经济体制能够充分发挥市场机制的优势,优化资源配置,持续促进生产力发展,提高满足人民高品质生活需要的供给能力和效率,奠定共同富裕的物质基础。要素市场化配置体制机制不断完善,生产要素由市场评价贡献、按贡献决定报酬的机制不断健全,进一步解除了对生产力发展的束缚,让一切生产要素的活力竞相迸发。各类市场主体在健康运行的市场经济中展开竞争,各类生产要素实现最优配置,获得反映要素价值和贡献的回报。市场机制还有利于提高商品服务供给能力,形成鼓励高质量商品和服务供给的导向,使我国经济朝着更能够满足人民日益增长的美好生活需要的方向发展。统一的劳动力、土地、资本、技术、数据、能源和生态环境市场,进一步破除阻碍要素自主有序流动的体制机制障碍,对于提高劳动报酬在初次分配中的占比、防止资本无序扩张、推动居民财产性收入增长、推动共同富裕有着十分重要的意义。

另一方面,社会主义市场经济体制能够更好地发挥政府的调节功能,为促进共同富裕提供政策保障。市场在资源配置中起决定性作用,而不是起全部作用。市场往往存在信息不对称、负外部性、不完全竞争等问题,导致社会财富分配过程中出现市场失灵,因此需要政府通过政策手段加以调节,从而创造更加公平、更有活力的市场环境,使市场机制更好地发挥作用。而且政府能够进行科学的宏观调控,在保持经济总量平衡的基础上,加强政策统筹,促进经济结构优化和内外均衡,守住不发生系统性风险底线,推动经济发展实现质量变革、效率变革、动力变革。此外,我国依法规范和引导资本健康发展,为资本设置"红绿灯",使资本规范有序运

---

① 1979年至2023年我国对世界经济增长年均贡献率居世界首位[EB/OL].(2024-10-01)[2024-10-10]. https://www.gov.cn/lianbo/bumen/202410/content_6977991.htm.

行并服务于共同富裕的实现。

社会主义市场经济体制下,经济资源在市场内充分流动,实现有效配置和高效利用,促进生产力发展。同时,政府主动调控,加强基础性、普惠性、兜底性民生保障建设,缩小收入差距,引领共同富裕的基本方向。有效市场和有为政府更好结合,两者实现良性互动,在高质量发展中扎实推动共同富裕。

第三节　经济高质量发展是实现共同富裕的物质基础

发展是解决我国一切问题的基础和关键。社会生产力高度发展和社会财富极大丰富是共同富裕的前提,否则共同富裕就会变成共同贫穷。习近平总书记在中央财经委员会第十次会议上强调:"要坚持以人民为中心的发展思想,在高质量发展中促进共同富裕。"[1]从二者关系来看,高质量发展的根本目的是实现共同富裕,同时高质量发展是实现共同富裕的基础和关键,只有推进高质量发展才能促进共同富裕。经济高质量发展是新时代新阶段的发展,体现了"创新、协调、绿色、开放、共享"的新发展理念,要求经济实现质的有效提升和量的合理增长,更好地满足人民日益增长的美好生活需要。推动高质量发展是做好经济工作的根本要求,为扎实推动共同富裕提供了坚实的物质基础。

一、经济实力和综合国力稳步提升

中国是世界第二大经济体,经济实力和综合国力都实现了历史性跃升,创造出"中国奇迹"。党的十八大以来,在以习近平同志为核心的党中央坚强领导下,高质量发展稳步推进,取得一系列显著成效。国内生产总值已实现百万亿元大关的突破,人均国内生产总值突破一万美元,我国的经济实力和综合国力不断提升,在国际上的影响力显著增强,我国经济迈上更高质量的发展之路,向着实现共同富裕的目标阔步前行。

其一,国民经济快速增长。党的十八大以来,我国经济总量不断实现新的跃升,2014年突破10万亿美元,2023年达到17.8万亿美元,占世界经济总量的比重

---

[1] 在高质量发展中促进共同富裕 统筹做好重大金融风险防范化解工作[N].人民日报,2021-08-18.

提升至16.9%,稳居世界第2位。据世界银行统计,2023年我国人均国民总收入(GNI)达13 400美元,已经实现了从新中国成立初的低收入国家到如今中等偏上收入国家的转变。我国已成为全球制造业第一大国、货物贸易第一大国、商品消费第二大国以及外汇储备第一大国。我国为世界经济增长做出重大贡献。2023年我国经济总量占世界的比重升至17%左右,1979—2023年对世界经济增长的年均贡献率为24.8%,位居世界首位。[1]

其二,产业发展实力全球领先。党的十八大以来,我国工业和服务业量增质升。在工业方面,2023年我国工业增加值达6.8万亿美元,其中制造业增加值达4.7万亿美元,已连续14年保持世界第一制造大国地位。新能源汽车、智能手机等重点产业技术水平已实现从"跟跑"到"并跑"甚至"领跑"的跨越式发展。在服务业方面,产出规模逐步增大,活力不断迸发,2023年我国第三产业增加值达到9.7万亿美元。我国主要工农业产品产量大幅增加,稳居世界前列。党的十八大以来,我国粮食生产连续9年稳定在6.5亿吨以上,将饭碗牢牢端在自己手上。2023年,我国智能手机、微型计算机设备产量分别达11.4亿台和3.3亿台,均保持世界第一位;年造船产量占世界市场份额超40%。[2]

其三,现代基础设施建设领跑全球。党的十八大以来,我国基础设施建设快速推进。截至2023年底,我国铁路营业里程、公路里程分别为15.9万公里、544万公里;我国高速铁路营业里程和高速公路里程分别为4.5万公里和18.4万公里,均居世界首位。2023年我国移动电话用户普及率达123部/百人,互联网普及率达77.5%,移动通信用户数、移动宽带用户数均居世界第一位,已建成全球最大的移动宽带网。[3] 能源资源配置明显优化,重载铁路、西气东输、西电东送、北煤南运等重点工程建设有力打通全国能源运输大动脉,不断破解我国能源资源空间制约;大国能源合作扎实推进,能源进口更加多元化,能源安全稳定供应水平实现新跃升。

---

[1] 国家统计局. 七十五载长歌奋进 赓续前行再奏华章——新中国75年经济社会发展成就系列报告之一[EB/OL]. (2024-09-09)[2024-10-01]. https://www.stats.gov.cn/sj/sjjd/202409/t20240909_1956313.html.

[2] 国家统计局. 综合国力大幅跃升 国际影响力显著增强——新中国75年经济社会发展成就系列报告之十[EB/OL]. (2024-09-13)[2024-10-01]. https://www.stats.gov.cn/sj/sjjd/202409/t20240912_1956418.html.

[3] 国家统计局. 综合国力大幅跃升 国际影响力显著增强——新中国75年经济社会发展成就系列报告之十[EB/OL]. (2024-09-13)[2024-10-01]. https://www.stats.gov.cn/sj/sjjd/202409/t20240912_1956418.html.

二、协调发展与经济结构优化升级

我国始终把调整经济结构贯穿于经济社会发展中，不断推进经济结构优化升级。党的十八大以来，党中央深入推进供给侧结构性改革，加快推动经济结构调整。我国经济结构实现转型升级，产业结构、需求结构、区域结构、城乡结构、收入分配结构不断优化，经济发展更具协调性。不断优化完善的经济结构有利于经济社会持续发展和平稳运行，为推进共同富裕注入了强大动力。

其一，产业结构不断升级。我国经济蓬勃发展，产业结构也随之优化调整。第一产业实现从传统农业到农林牧渔业全面发展的现代农业的转变；第二产业加快数字化转型升级，促进数字经济和实体经济深度融合；第三产业不断释放新的活力，新兴服务业蓬勃发展。三次产业结构进一步优化，第一、二、三产业增加值占国内生产总值（GDP）的比重分别由1952年的50.5％、20.8％、28.7％，调整为2023年的7.1％、38.3％、54.6％。[1] 我国产业体系实现由第一产业为主向三次产业协同发展的转变，通过技术渗透和要素聚集等方式加速产业融合发展，为国民经济持续健康发展提供强有力支撑。

其二，需求结构持续优化。随着我国经济发展水平不断提升，国内消费市场繁荣壮大，投资潜力广阔，对外开放水平进一步提高，拉动经济增长势头强劲。消费、投资、净出口三大需求的结构持续优化，三大需求占GDP比重由1952年的79.2％、22.0％、-1.1％，调整为2023年的55.7％、42.1％、2.1％。[2] 经济发展的协调性和可持续性大幅提升，为推动高质量发展和共同富裕创造了有利条件。

其三，区域发展协调性不断增强。党的十八大以来，以习近平同志为核心的党中央高度重视区域协调发展工作，做出西部大开发、东北全面振兴、中部地区崛起和东部率先发展等一系列重大决策部署，统筹各区域协调发展。京津冀协同发展、长江经济带发展、粤港澳大湾区建设等一系列重大区域战略稳步推进，各区域之间的均衡性和协调性不断增强。从人均地区生产总值看，1952年东、中、西、东北四区

---

[1] 国家统计局.经济结构不断优化 发展协调性显著增强——新中国75年经济社会发展成就系列报告之八[EB/OL].(2024-09-13)[2024-10-01].https://www.stats.gov.cn/sj/sjjd/202409/t20240912_1956415.html.

[2] 国家统计局.经济结构不断优化 发展协调性显著增强——新中国75年经济社会发展成就系列报告之八[EB/OL].(2024-09-13)[2024-10-01].https://www.stats.gov.cn/sj/sjjd/202409/t20240912_1956415.html.

域间极差比为2.54∶1,2023年缩小至1.86∶1,相对差距呈现逐步缩小态势。[1]

其四,城镇化水平稳步提高。党的十八大以来,户籍制度改革全面落地,以人为核心的新型城镇化持续推进,农民工市民化程度进一步提高。2023年末,我国城镇常住人口达9.3亿人,比1978年末增加7.6亿人;常住人口城镇化率为66.16%,提高48.24个百分点。2023年末,户籍人口城镇化率达到48.3%,比2015年末提高8.4个百分点。乡村振兴战略稳步实施,城乡收入差距持续缩小,农村交通通信设施不断完善,基本公共服务水平提升。城乡居民人均可支配收入比由2012年的2.88∶1缩小至2023年的2.39∶1。[2]

其五,宏观收入分配结构逐步改善。居民收入与经济基本实现同步增长,发展成果更多更公平地由全体人民共享。从2012年到2022年,我国住户部门初次分配总收入占国民总收入的比重由2012年的58.8%提高到2022年的62.2%。企业部门完成转型升级提质增效,收入占比总体提高。2022年,企业部门可支配总收入占国民可支配总收入比重为22.6%,比2012年提高1.3个百分点。党中央更加有效实施积极的财政政策,政府让利于企业、让利于民。2022年,广义政府部门可支配总收入占国民可支配总收入比重为16.6%,比2012年下降4.8个百分点。[3]

三、科技创新和经济驱动方式转变

我国已转向高质量发展阶段,更加需要科技创新赋能发展,创新是高质量发展的源泉和动力,贯穿高质量发展全过程。实施创新驱动发展战略是增强经济发展动力的极为有效的措施,党高度重视科技创新对于经济社会发展的重要推动作用。当前我国科技实力正在从量的积累迈向质的飞跃,科技创新取得新的历史性成就。高质量发展摆脱传统的经济增长方式和生产力发展路径,通过技术的重大进步变革、生产要素的创新性配置、产业的深度转型升级,在生产力水平上实现更大突破、

---

[1] 国家统计局.经济结构不断优化 发展协调性显著增强——新中国75年经济社会发展成就系列报告之八[EB/OL].(2024-09-13)[2024-10-01].https://www.stats.gov.cn/sj/sjjd/202409/t20240912_1956415.html.

[2] 国家统计局.七十五载长歌奋进 赓续前行再奏华章——新中国75年经济社会发展成就系列报告之一[EB/OL].(2024-09-09)[2024-10-01].https://www.stats.gov.cn/sj/sjjd/202409/t20240909_1956313.html.

[3] 国家统计局.经济结构不断优化 发展协调性显著增强——新中国75年经济社会发展成就系列报告之八[EB/OL].(2024-09-13)[2024-10-01].https://www.stats.gov.cn/sj/sjjd/202409/t20240912_1956415.html.

更大发展,形成自主可控、安全可靠、竞争力强的现代化产业体系,实现依靠创新驱动的内驱式发展。

其一,科技研发投入大幅增加。党的十八大以来,我国引导各类资源向科技领域配置,研发经费投入大幅增加。我国的研发经费投入从2013年开始便位居世界第二位,2023年研究与试验发展经费支出达33 278亿元,与国内生产总值之比为2.64%,超过欧盟国家平均水平。科研人才为科技创新提供强有力支撑,研发人员全时当量连续11年位居世界第一,2023年达724万人年。2023年末,我国拥有的全球百强科技创新集群数量跃居世界首位,目前高新技术企业数量达46.3万家。[1] 我国已逐步形成企业、高校和科研院所相互协同的创新体系,促进产学研用深度融合,人才红利充分释放,科技创新成果更多惠及人民。

其二,科技创新成果不断涌现。党的十八大以来,创新的重要性越发凸显。重大科技创新成果不断涌现,载人航天、探月探火、超级计算机、大飞机制造等诸多领域的创新成果充分显示出我国在科技领域的强大实力。专利事业取得长足发展,高价值知识产权不断涌现。截至2023年底国内(不含港澳台)有效发明专利达401.5万件。[2] 2023年我国创新总指数跃居世界第12位,已跻身G7国家的中位水平。[3]

其三,新质生产力加快发展,培育壮大高质量发展新动能新优势。党的十八大以来,面对全球新一轮科技革命和产业变革带来的激烈竞争,我国抓住机遇,深入实施创新驱动发展战略,新质生产力加快形成,并为高质量发展注入新的动能。数字技术成为赋能新质生产力的强劲力量,数字经济这一新经济形态深刻改变了人们的生产方式和生活方式。人工智能、区块链、云计算、大数据、5G等数字技术快速发展,数实融合程度持续加深,产业数字化、数字产业化步伐不断加快。截至2023年末,国家级智能制造示范工厂有421家,省级数字化车间和智能工厂有万余家;数字经济规模连续多年稳居世界第二位,电商交易额、移动支付交易规模位居

---

[1] 国家统计局.七十五载长歌奋进 赓续前行再奏华章——新中国75年经济社会发展成就系列报告之一[EB/OL].(2024-09-09)[2024-10-01].https://www.stats.gov.cn/sj/sjjd/202409/t20240909_1956313.html.

[2] 国家统计局.七十五载长歌奋进 赓续前行再奏华章——新中国75年经济社会发展成就系列报告之一[EB/OL].(2024-09-09)[2024-10-01].https://www.stats.gov.cn/sj/sjjd/202409/t20240909_1956313.html.

[3] 国家统计局.综合国力大幅跃升 国际影响力显著增强——新中国75年经济社会发展成就系列报告之十[EB/OL].(2024-09-13)[2024-10-01].https://www.stats.gov.cn/sj/sjjd/202409/t20240912_1956418.html.

全球第一位。新技术催生新产业、新业态、新商业模式，"三新"经济迅猛发展。2023年，我国"三新"经济增加值为22.4万亿元，相当于GDP的比重为17.73%，比2016年提高2.4个百分点。①

第四节　社会建设成就是实现共同富裕的社会基础

中国共产党坚持以人民为中心，着力维护人民群众切身利益，不断解决关系人民群众切身利益的突出问题，大力促进各项社会事业发展，全社会受教育水平显著提高，公共文化服务能力不断增强，医疗卫生体系逐步完善，人民群众获得感、幸福感、安全感明显提高，人民生活水平连续迈上新台阶。各项社会事业蓬勃发展，民生保障日益增强，为共同富裕提供了良好的社会基础。

一、全面小康社会建设取得胜利

共同富裕是脱贫攻坚和全面小康的目的所在。全面小康是实现共同富裕的重要基础，只有实现全面小康才能为实现共同富裕创造有利条件。新中国成立75年来，我国实现了从温饱不足到总体小康再到全面小康的历史性跨越。2012年党的十八大指出，到2020年要全面建成小康社会。党的十八大以来，以习近平同志为核心的党中央聚焦全面建成小康社会的奋斗目标，一系列伟大斗争取得重大胜利，实现了全面建成小康社会的历史性跨越，第一个百年奋斗目标成功实现。2021年7月1日，习近平总书记在庆祝中国共产党成立100周年大会上庄严宣告："我们实现了第一个百年奋斗目标，在中华大地上全面建成了小康社会，历史性地解决了绝对贫困问题。"②从"总体小康"到"全面小康"，从"全面建设"到"全面建成"，人民的生活水平不断提升。全面建成小康社会是中国历史上亘古未有的伟大跨越，是迈向共同富裕的重要阶段性成果。我国实现了全面建成小康社会的重要目标，为促进共同富裕提供了有力支撑。

---

① 国家统计局. 七十五载长歌奋进 赓续前行再奏华章——新中国75年经济社会发展成就系列报告之一[EB/OL].（2024－09－09）[2024－10－01]. https://www.stats.gov.cn/sj/sjjd/202409/t20240909_1956313.html.
② 习近平. 在庆祝中国共产党成立100周年大会上的讲话[N]. 人民日报，2021－07－02.

脱贫攻坚是全面小康的重要内容和底线任务。党的十八大以来,我国把贫困人口全部脱贫作为全面建成小康社会的底线任务,凝聚全党全国全社会之力,坚决打赢脱贫攻坚战。经过8年接续奋斗,到2020年底现行标准下9 899万农村贫困人口全部脱贫,832个贫困县全部摘帽,12.8万个贫困村全部出列,消除绝对贫困的脱贫攻坚战取得全面胜利。[1] 我国不断完善防止返贫致贫机制,返贫致贫风险持续降低。截至2023年10月底,中西部地区累计识别纳入监测对象的62.8%已消除返贫风险;全国脱贫人口(含防止返贫监测对象)务工规模达3 298.25万人,超过2023年度目标任务279.08万人。[2] 中央财政继续将巩固拓展脱贫攻坚成果、衔接推进乡村全面振兴作为重点,衔接资金用于产业发展的比重达60%。为扩展就业空间,各地积极引进适合当地群众就业需求的劳动密集型项目和企业,向乡村振兴重点帮扶县等重点地区倾斜,保证了脱贫人口的就业机会。

在居民收入与消费水平方面,我国经济实力不断发展壮大,国民收入分配格局优化调整,居民收入呈现快速增长态势,消费水平得到不断提升。2023年,全国居民人均可支配收入达39 218元,扣除物价因素比1949年实际增长76倍;居民人均消费支出26 796元,比1956年实际增长36倍,年均增长5.5%。居民消费结构优化升级,教育、休闲娱乐等发展型享受型消费较快增长,服务性消费支出占比逐步提高。2023年,全国居民恩格尔系数为29.8%,比1978年下降34.1个百分点;居民人均服务性消费支出占比为45.2%,比2013年提高5.5个百分点。家电全面普及,汽车快速进入寻常百姓家,耐用消费品品质不断升级。2023年,全国居民每百户家用汽车拥有量为49.7辆,空调拥有量145.9台,分别是2013年的2.9倍、2.1倍。[3]

二、社会建设制度和体系逐渐完善

社会建设事关人民的美好生活、社会和谐、社会活力、公平公正,在推进共同富

---

[1] 国家统计局. 七十五载长歌奋进 赓续前行再奏华章——新中国75年经济社会发展成就系列报告之一[EB/OL]. (2024-09-09)[2024-10-01]. https://www.stats.gov.cn/sj/sjjd/202409/t20240909_1956313.html.

[2] 中华人民共和国农业农村部. 脱贫攻坚成果持续巩固拓展[EB/OL]. (2023-12-19)[2024-09-01]. http://www.moa.gov.cn/gbzwfwqjd/xxdt/202312/t20231219_6442995.htm.

[3] 国家统计局. 七十五载长歌奋进 赓续前行再奏华章——新中国75年经济社会发展成就系列报告之一[EB/OL]. (2024-09-09)[2024-10-01]. https://www.stats.gov.cn/sj/sjjd/202409/t20240909_1956313.html.

裕中极为重要。民生事业是社会建设的首要工作。社会建设着力切实保障和改善民生,加强和创新社会治理,解决好民生中的不平衡不充分发展问题,采取更多惠民生和暖民心的措施,促进社会公平正义与和谐稳定,使全体人民都能分享到改革开放和发展的成果,提升人民的生活质量,增强人民的获得感、幸福感。社会建设主要包括两个重点方面,即保障改善民生和社会治理创新。党全面开展社会建设,在保障和改善民生以及社会治理、社会体制机制改革等方面发力,不断强化建设实现共同富裕的社会基础。

在保障和改善民生方面,我国以养老、医疗、失业保险为重点,逐步构建起多层次社会保障体系,坚持全覆盖、保基本、多层次、可持续的基本方针,根据不同群体间的保障差异在更高层次上统筹社会保障制度,满足不同群体的差异化需求,补齐社会保障的短板和弱项,集中解决了许多人民最关心最直接最现实的利益问题。特别是党的十八大以来,社会保障体系改革进入全面覆盖和深化阶段,社会保障水平显著提升,建成世界上规模最大的社会保障体系。2023年末,全国参加基本养老保险人数达10.66亿人,比1989年末增加10.09亿人;参加失业、工伤保险人数分别达2.44亿人、3.02亿人,比1994年末增加1.64亿人、2.84亿人。[①] 此外,各类保障性住房建设扎实推进,儿童福利和未成年人保护体系不断完善,越织越密的社会保障网有力发挥了可持续的托底作用。这些都为推进共同富裕提供了有利条件。

在社会治理创新方面,党始终坚持以人民为中心的社会治理理念,不断加强社会治理,夯实社会治理制度构建,完善社会治理体系,加快建设共建共治共享的社会治理格局,实现秩序与活力的平衡。党坚持系统治理、依法治理、综合治理、源头治理,推动社会矛盾治理理念现代化,由被动的事后管理积极转向主动的事前治理,加强社会治安综合治理,防范和打击各类犯罪。在治理手段方面,采取智能化科技手段加以辅助,全面采集社会治理相关基础信息并进行数据分析,对社会治理中存在的风险进行综合分析研判。坚持和完善共建共治共享的社会治理制度以增强社会活力,明确党委、政府、公民等多方主体在社会治理中所承担的责任,建设人人有责、人人尽责、人人享有的社会治理共同体,确保人民安居乐业和社会平稳有序。通过加强社会建设,不同主体的力量和优势得到充分发挥,社会治理体制的法

[①] 国家统计局.七十五载长歌奋进 赓续前行再奏华章——新中国75年经济社会发展成就系列报告之一[EB/OL].(2024-09-09)[2024-10-01].https://www.stats.gov.cn/sj/sjjd/202409/t20240909_1956313.html.

治化和专业化水平都得到大幅度提升,高水平社会建设成效显著。我国的社会建设为扎实推进共同富裕创设了安定有序且充满活力的良好局面。

三、民生福祉得到全方位改善

只有切实保障和改善民生才能扎实推动共同富裕。习近平总书记指出:"保障和改善民生没有终点,只有连续不断的新起点。"[1]在党的全面领导下,人民生活得到全方位改善,生活水平显著提高;居民收入增长与经济增长基本同步;就业形势总体趋稳、失业率保持在较低水平;高等教育进入普及化阶段;医疗水平显著提升。党的十八大以来,我国人类发展指数继续攀升。2022年我国人类发展指数达到0.788,创历史新高,人类发展指数构成项中,我国人均GNI、平均预期寿命和预期受教育年限均高于世界平均水平。[2]

就业是民生之本。党的十八大以来,党中央实施就业优先战略以促进高质量充分就业,保障劳动者获取稳定的工作和合理的收入。就业机会充分、人岗匹配高效、劳动关系和谐的就业环境日渐形成。我国就业总量大规模增加,就业结构不断优化。14亿多人口的大国实现了较为充分的就业。2023年,全国就业人员74 041万人,比1949年扩大3.1倍;其中城镇就业人员47 032万人,占就业人员比重提升至63.5%。2013—2023年,城镇新增就业人数累计超过1.4亿人,城镇调查失业率保持稳定。随着产业结构发生深刻调整,就业结构也不断优化。2023年,第二、三产业就业人员占全国就业人员比重分别为29.1%、48.1%,比1952年提高21.7个、39.0个百分点。[3]

教育水平和医疗水平都得到显著提升。党的十八大以来,教育事业发展迎来新局面,高等教育大众化水平显著提高。2023年,我国高等教育毛入学率达60.2%,显著高于中等收入国家水平。我国医疗卫生条件持续改善。2022年我国

---

[1] 中共中央文献研究室编.习近平关于全面建成小康社会论述摘编[M].北京:中央文献出版社,2016:159.
[2] 国家统计局.综合国力大幅跃升 国际影响力显著增强——新中国75年经济社会发展成就系列报告之十[EB/OL].(2024-09-13)[2024-10-01]. https://www.stats.gov.cn/sj/sjjd/202409/t20240912_1956418.html.
[3] 国家统计局.七十五载长歌奋进 赓续前行再奏华章——新中国75年经济社会发展成就系列报告之一[EB/OL].(2024-09-09)[2024-10-01]. https://www.stats.gov.cn/sj/sjjd/202409/t20240909_1956313.html.

婴儿死亡率降至4.8‰,接近高收入国家组4.1‰的平均水平。2023年我国居民人均预期寿命增长至78.6岁,比新中国成立初期增加43.6岁。享有基本环境卫生服务的人口占总人口比重由2013年的81.2%上升至2022年的95.9%,享有基本饮用水服务的人口占总人口比重由2013年的91.2%上升至2022年的97.6%,分别于2016年和2022年超过中等偏上收入国家组的平均水平。①

---

① 国家统计局.综合国力大幅跃升 国际影响力显著增强——新中国75年经济社会发展成就系列报告之十[EB/OL].(2024-09-13)[2024-10-01]. https://www.stats.gov.cn/sj/sjjd/202409/t20240912_1956418.html.

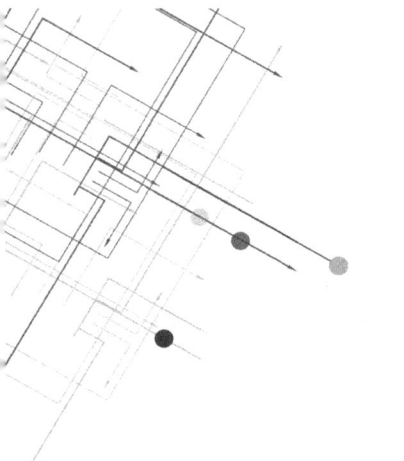

第六章

我国实现共同富裕面临的现实挑战

改革开放以来,中国经济持续稳定增长为打赢脱贫攻坚战、全面建成小康社会奠定了坚实基础。当前,在全面建设社会主义现代化国家的新发展阶段,保持经济的持续稳定增长依然是实现共同富裕的核心物质保障。尽管如此,我国在迈向共同富裕的道路上仍面临诸多困难和挑战。从国内角度看,中国经济已从高速增长阶段进入高质量发展阶段,要素资源约束加剧,经济面临提质增效的转型任务艰巨,经济增长的动力机制尚未完成从传统的要素驱动向创新驱动的转变。与此同时,经济发展不平衡不充分的问题依然严峻,城乡区域发展不平衡的问题突出,改善和保障民生还有较多的工作要做。从国际视角看,全球政治经济格局的不确定性和不稳定性加剧,外部环境的变化对我国经济发展带来了持续且深远的影响。我们要直面这些现实挑战,不断化危为机,开创深化改革新局面,扎实推进全体人民共同富裕。

第一节 经济发展进入新常态转型任务艰巨

党的十八大以来,面对我国发展阶段、发展环境、发展条件的新变化,党中央明确指出,我国经济发展进入"新常态",即从高速增长阶段转向高质量发展阶段。随着经济发展进入新阶段,传统的增长模式面临资源环境约束加剧、劳动力成本上升、产能过剩等一系列挑战。因此,迫切需要转变经济发展方式、优化经济结构,并培育新的经济增长动能。然而,这一转型任务在当前仍然面临诸多挑战。

一、发展方式的转向仍然没有完成

自改革开放以来,中国经济实现了长时间的高速增长。1979—2012年间,我国国内生产总值年均增长9.8%,而同期世界经济的年均增速仅为2.8%。[1] 这一阶段的经济增长,主要依赖于大规模的投资驱动和出口拉动。中国经济在经历了30多年的高速增长后,进入了一个由高速增长转为中高速增长,由传统的规模速度型粗放增长逐渐转向质量效率型集约增长,并从投资驱动、出口拉动转向以消费驱动、创新驱动的新增长模式。

党的十八大以来,我国经济发展进入新常态,经济增速逐步放缓,从原来年均10%左右的增长速率降至年均6%左右的增长速率。虽然经济增长势头依然稳健,但这也标志着中国经济已由单纯追求增长速度转向更加注重增长质量的发展阶段。习近平总书记指出:"高质量发展,就是能够很好满足人民日益增长的美好生活需要的发展,是体现新发展理念的发展,是创新成为第一动力、协调成为内生特点、绿色成为普遍形态、开放成为必由之路、共享成为根本目的的发展。"[2]当前,中国正处于转变经济发展方式的关键时期,我国经济发展方式离高质量发展的要求相比仍有不小差距,经济发展方式的转型任重道远。

第一,创新能力不足已成为制约经济高质量发展的瓶颈。2022年,全国研究与试验发展(R&D)经费总投入达到30 782.9亿元,比上一年增加2 826.6亿元,增长速度为10.1%;R&D经费投入强度为2.54%,比上年提高0.11个百分点。[3] 尽管中国的研发投入已连续多年保持两位数增长态势,但与发达国家相比,中国在基础研究、原始创新和关键核心技术领域仍有较大差距。在产业技术创新方面,中国在5G、高速铁路、新能源汽车等领域已取得显著进展,但在半导体、生物医药等高新技术领域,仍面临关键技术瓶颈和国际竞争压力。

第二,经济发展方式绿色转型压力较大。随着中国经济的快速发展,资源与环

---

[1] 国家统计局.改革开放铸辉煌经济发展谱新篇[N].人民日报,2013—11—06.
[2] 中共中央宣传部,国家发展和改革委员会编.习近平经济思想学习纲要[M].北京:人民出版社;北京:学习出版社,2022:62—63.
[3] 国家统计局科学技术部财政部.2022年全国科技经费投入统计公报[N].中国信息报,2023—09—19.

境的约束越发显著。如何在保障经济增长的同时,实现资源的可持续利用和环境的有效保护,是当前面临的重大挑战。中国在应对全球气候变化问题上做出了明确承诺,计划于2030年前实现碳排放达峰,并于2060年前实现碳中和。这一目标要求加快能源结构调整,大力发展可再生能源,推动工业、建筑、交通等领域的绿色转型。然而,当前我国能源体系高度依赖煤炭等化石能源,且经济活动的许多领域尚未完全摆脱传统高能耗、高排放的发展模式,生产和生活体系向绿色低碳转型的压力较大。

第三,现代化经济体系尚不健全。习近平总书记指出:"建设现代化经济体系是跨越关口的迫切要求和我国发展的战略目标,是推动高质量发展、全面提高经济整体竞争力的必然要求。"[①]然而,当前我国现代化经济体系的建设仍面临诸多挑战。例如,全国统一大市场的建设仍受到地方保护主义、市场分割及不公平竞争等问题的制约,这些"堵点"和"卡点"阻碍了商品和要素的自由流动,进而影响市场运行的效率和公平性。此外,我国东部、中部、西部地区的经济发展水平差异较大,城乡发展不平衡问题依然突出,特别是在教育、医疗、基础设施等公共服务领域的供给能力和质量存在较大区域差异。

二、经济结构的转变道路依然漫长

改革开放以来,中国经济实现了从计划经济向市场经济的转型,经济结构也经历了深刻调整。特别是在加入世界贸易组织(WTO)后,中国经济深度融入全球经济体系,外贸依存度显著提高,出口导向型增长模式成为推动经济增长的主要动力。然而,这一增长模式使中国经济对国际市场的依赖性增强,容易受到国际市场需求波动和贸易保护主义的冲击。与此同时,伴随着大规模的基础设施建设和工业化、城市化进程,投资成为拉动经济增长的另一驾马车。这种以投资为主导的经济发展模式,在推动中国经济快速增长的同时,也带来了一系列结构性问题,如产能过剩、资产泡沫和债务累积等。此外,人口老龄化是中国经济社会发展面临的又一挑战。2023年,中国60岁及以上人口达到29 697万人,占总人口的21.1%,其中65岁及以上人口为21 676万人,占总人口的15.4%。[②]预计到

---

① 中共中央宣传部,国家发展和改革委员会编.习近平经济思想学习纲要[M].北京:人民出版社;北京:学习出版社,2022:69.
② 王萍萍.人口总量有所下降人口高质量发展取得成效[N].中国信息报,2024-01-19.

2030年，中国60岁及以上老年人口将达到3.5亿，占总人口的比重将超过25%。这一趋势将对中国的劳动力市场、社会保障体系以及消费结构产生深远影响，特别是劳动力供给减少和养老金等公共支出压力的加大，可能成为制约未来经济增长的重要因素。

面对国际市场需求不稳定、产能过剩、劳动力成本上升等多重挑战，中国经济必须从依赖投资和出口的传统增长模式，逐步转向更加平衡、可持续的发展模式。对于国际市场需求不稳定问题，中国需要加快出口市场的多元化布局，减少对单一市场的过度依赖。同时，通过提高产品质量和技术含量、提升产品附加值、打造国际知名品牌等措施，提升中国产品在国际市场上的竞争力。对于产能过剩问题，政府和市场需要协同发力，通过兼并重组、淘汰落后产能、鼓励技术创新等措施，提高资源配置效率，促进产业结构的优化升级。服务业的增长和消费需求的提升是经济结构调整的两个关键指标。服务业的增长不仅可以提供更多的就业机会，还能促进经济的多元化和创新能力的提升。消费需求的增长则有助于减少对外部市场的依赖，增强经济的内生增长动能。经济结构的转变是一个长期的过程，既需要政府的宏观调控和政策引导，也需要市场机制的充分发挥和社会各界的广泛参与。通过适当提高服务业的比重、优化产业结构、扩大内需，推动中国经济结构优化升级。

三、新旧动能的转换处于关键时期

进入21世纪以来，全球科技创新进入空前密集活跃的时期，新一轮科技革命和产业变革正在重构全球创新版图，并推动全球经济结构的深刻变革。中国经济正处于新旧动能转换的关键时期，亟须实现由传统的劳动力、资本等要素驱动，向创新驱动的转型。然而，我国经济发展存在旧动能拉动经济增长乏力，而经济增长新动能的形成尚未成熟的问题。为此，要秉持先立后破的原则，确保新旧动能的平稳衔接，实现经济发展由外延式增长向内涵式增长的过渡，从依赖要素投入增加转向提升全要素生产率。

在新旧动能转换过程中，我国面临着多重挑战。一方面，传统产业转型升级困难，拉动经济增长动力不足。首先，经过长期的高速增长，部分行业出现了严重的产能过剩，市场供需失衡导致产品价格下跌，企业利润减少。其次，随着环境保护意识的增强和环境法规的完善，传统产业在环保方面的成本不断上升，进一步压缩了利润空间。此外，传统产业以劳动密集型为主，随着我国人口红利逐渐消失和劳动力成本不断上升，其竞争优势逐渐减弱，面临着创新和技术升级的巨大压力。另一方面，新兴产业仍处于成长期，带动经济增长能力有限。尽管我国在新材料、新能源、数字经济等新兴领域取得了显著进展，但整体来看，这些产业的成熟度仍不高，尚未成为经济增长的主要驱动力。新兴产业的发展仍面临关键核心技术受制于人、创新体系尚不完善、市场准入门槛较高等问题。为促进新兴产业的成长，需要加大研发投入，优化创新环境，降低市场准入门槛，推动产学研用深度融合。

全球经济结构正在经历深刻的变革，科技创新逐渐成为推动经济增长的核心因素。全球主要经济体的科技创新投入连续多年保持增长，特别是在人工智能、大数据、云计算等数字经济领域的投资显著增加，加速了传统产业的数字化、智能化转型。根据世界产权组织的数据，中美两国在信息和通信技术领域研发投入不断增长。2022年研发投入最大的企业中，美国企业的研发支出显著增加，超过5 000亿欧元，同比增长12.7%；中国的研发投入也迅速增长，2022年有679家企业进入全球研发投入排名前2 500名的榜单，总研发投资达到2 220亿欧元，比上年增长16.4%。[1] 面对全球科技创新浪潮和国内经济结构转型的双重挑战，中国需要加快推动新旧动能的转换，以提高劳动生产率和全要素生产率，推动经济从高速增长转向高质量发展，实现经济的持续健康发展。

第二节　发展不平衡不充分的问题依然严峻

改革开放以来，在中国共产党的领导下，全国各族人民解放思想，锐意进取，不断解放和发展生产力，推动社会主义现代化建设，经济建设取得了举世瞩目的成就。然而，伴随着经济快速增长，地区之间、城乡之间以及个体之间的收入差距和发展不均衡现象也逐渐加剧。发展不平衡不充分已成为我国实现全体人民共同富裕过程中必须跨越的一道难关。

---

[1] 世界知识产权组织.2022年研发支出排名前2 500位企业的研发支出总额突破1.3万亿欧元[EB/OL].(2024—04—30)[2024—10—01].https://www.wipo.int/global_innovation_index/zh/gii-insights-blog/2024/r-and-d-spenders.html.

一、重点领域关键环节改革任务仍然艰巨

随着我国经济体制改革进入"深水区",一些深层次的体制机制问题逐渐暴露出来,特别是在金融、财税、土地、国企等关键领域,这些问题已成为制约中国经济持续健康发展的瓶颈。这些领域的改革不仅关乎资源配置效率的提高,而且关系到社会公平正义,以及国家治理体系和治理能力的现代化。为此,必须通过进一步深化改革,调整生产关系以适应生产力的发展,破除体制机制障碍,释放制度红利,从而为实现共同富裕提供坚实的制度保障。

随着中国经济进入"新常态",传统的增长模式已难以为继,必须通过改革来释放新的增长动力,提高经济发展的质量和效益。改革的任务十分艰巨,但其重要性不言而喻。例如,财税体制改革能够优化资源配置,提高财政资金使用效率,促进社会公平;金融体制改革有助于防范和化解金融风险,增强金融服务实体经济的能力;土地制度改革可以提高土地资源的配置效率,促进城乡发展一体化;而国企改革则旨在提高国有企业的竞争力和创新能力,增强国有经济的活力、控制力和影响力。这些改革不仅能为我国经济的持续健康发展提供强有力的制度支持,而且能够推动国家治理体系和治理能力的现代化建设,确保中国在全球竞争中保持长期优势。

在财税体制改革领域,当前我国税收制度仍不健全,对收入分配改善作用有限。我国的税制结构中,间接税的占比较高,仅增值税、消费税和关税的总和超过50%,而个人所得税和公司所得税加起来占比不到30%[1],这种税制结构限制了税收对社会收入再分配的调节作用,不利于缩小贫富差距。因此,必须通过税制改革来降低间接税的占比,增加直接税的比重,尤其是进一步完善个人所得税制度,以更好地发挥税收在收入再分配中的调节功能。在金融体制改革方面,要完善金融监管体系,加强金融风险防控,推动金融产品和服务创新,提高金融服务实体经济的效率和水平。同时,要深化金融市场改革,优化金融体系结构,提高直接融资比重,促进多层次资本市场健康发展。在土地制度改革方面,需进一步完善农村土地承包经营权流转制度,允许农民更加灵活地转让或租赁土地,以提高土地的利用效率。同时,应积极探索农村集体经营性建设用地入市的制度改革,促进城乡土地资

---

[1] 陆铭,杨汝岱,等.大国经济学 面向长期全局多维的中国发展[M].上海:上海人民出版社,2023:371.

源合理配置，推动城乡发展一体化。在国企改革方面，要深化国有企业改革，完善中国特色现代企业制度，推动国有企业混合所有制改革，提高国有企业的竞争力和创新能力。同时，要加强国有资产监管，优化国有资本布局，推动国有资本向关键领域和战略性新兴产业集中，增强国有经济的活力、控制力和影响力。

二、收入分配差距和不平等问题仍然存在

当前，我国居民贫富差距较大，收入分配不平等问题依然严峻。改革开放初期，为了激发微观经济主体活力、积极性，我国实行"效率优先，兼顾公平"的分配原则。我国居民间的收入差距随经济的发展不断拉大，进入21世纪，我国已成为全球范围内收入差距较大的国家之一。数据显示，2003年我国居民人均可支配收入基尼系数为0.479，2015年降至0.462，2022年为0.467[1]，尽管基尼系数多年来呈现缓慢下降的趋势，但依然处于国际公认的高收入不平等水平区间。从收入分组来看，2022年我国居民收入差距明显：20%低收入组家庭人均可支配收入为8 601.1元，而20%高收入组家庭的这一数据为90 116.3元[2]，二者相差10.48倍。这种差距表明，高收入群体与低收入群体之间的收入不平等较为显著。具体到中间层次，20%中间偏下收入组、20%中间收入组和20%中间偏上收入组的家庭人均可支配收入分别为19 302.7元、30 598.3元和47 397.4元[3]，也显示出收入差距沿着收入阶梯不断扩大。收入差距的拉大在一定程度上反映了经济增长中不同群体的收益分化。作为一个处于经济转型期的发展中国家，个体之间的收入差异在快速发展阶段不可避免。然而，如果这种差距过大且持续存在，可能对社会稳定和长远发展带来负面影响，不利于共同富裕目标的实现。

不仅我国收入分配的现实不尽如人意，而且现行的收入分配制度尚存明显的缺陷，有待进一步完善。在初次分配方面，我国的分配秩序仍然存在不公平和不规范现象，灰色收入、非法收入仍旧存在，寻租腐败、偷税漏税问题仍需严加监管，部分垄断型行业不合理的过高收入需要进一步调整。在再分配环节，我国税收结构中增值税等间接税比重偏高，而增值税呈现累退性质，不但不能缩小反而拉大了个体间的收入分配差距，同时我国税收、社会保障、转移支付等政策措施的力度仍有

---

[1] 国家统计局住户调查司. 中国住户调查年鉴 2023[M]. 北京：中国统计出版社，2023：57.
[2] 国家统计局编. 中国统计年鉴 英汉对照 2023[M]. 北京：中国统计出版社，2023：169.
[3] 国家统计局编. 中国统计年鉴 英汉对照 2023[M]. 北京：中国统计出版社，2023：169.

待进一步加强。三次分配作为弥补初次和再分配不足的重要补充,动员社会力量参与慈善事业和志愿行动,对缩小收入差距、实现社会公平具有重要作用。然而,我国动员社会力量参与三次分配的激励机制、社会氛围和群众基础还不够牢固,慈善事业、志愿行动制度保障不足,高收入群体参与慈善事业的意愿、广度和深度仍然不够。

三、城乡区域发展不平衡问题依然严峻

近年来,中央出台了一系列政策促进城乡融合发展和区域协调发展,但我国城乡区域发展不平衡问题依然严峻,城乡收入差距偏高、区域收入差距过大的局面没有根本改变。中国作为一个发展中的大国,城乡区域发展不平衡问题已成为实现共同富裕的重大挑战。

首先,城乡发展差距依然较大。尽管近年来我国在缩小城乡收入差距方面取得了一定进展,但差距仍然显著。2023年,城镇居民人均可支配收入为51 821元,而农村居民人均可支配收入为21 691元[1],城乡居民人均可支配收入绝对量差值为30 130元,城乡居民人均可支配收入之比为2.39。除了居民收入间的差距,城乡地区在教育资源、医疗资源、基础设施、社会保障体系等公共服务方面也存在较大差距。在教育资源方面,农村地区学校的师资力量、教学设施设备、教育质量都落后于城市地区。2021年,全国乡村小学平均师班比为1.88∶1,乡村小学专任教师配置不足;乡村教师在晋升、职称评定等方面也处于劣势,义务教育阶段连续工作10年教师获得一级教师职称的比例,乡村为3.5%,显著低于城区的5.3%。[2] 在医疗资源方面,城乡差距同样显著。2021年,每千人执业(助理)医师城市地区为3.73人,农村为2.42人,相差1.31人;2021年,每千人注册护士城市地区为4.58人,农村地区为2.64人,相差1.94人。[3] 在基础设施方面,尽管农村地区的互联网普及率提升至66.5%,但在网络覆盖率、速度和稳定性等方面与城市仍存在差距。[4] 城

---

[1] 国家统计局.2023年居民收入和消费支出情况[EB/OL].(2024-01-17)[2024-10-01]. https://www.stats.gov.cn/sj/zxfb/202401/t20240116_1946622.html.
[2] 东北师范大学.《中国农村教育发展报告2020—2022》正式发布,全景素描农村教育现状[EB/OL].[2024-10-01]. https://www.nenu.edu.cn/info/3171/257111.htm.
[3] 国家卫生健康委员会编.中国卫生健康统计年鉴2022[M].北京:中国协和医科大学出版社,2022:36.
[4] 建筑业持续发展建设成就惠及民生[N].中国信息报,2024-09-13.

乡各方面差距的存在不利于农村地区经济社会健康发展,是我国全体人民共同富裕道路上的一大挑战。

其次,区域经济发展不平衡仍较突出。改革开放四十余年来,我国经济实现了总量的迅速增长,国内各地区间的发展差距却十分明显。东部沿海地区凭借其优越的地理位置、发达的交通条件、完善的基础设施以及强大的产业竞争力,一直处于我国经济发展的前沿。而中西部地区由于地理位置相对偏远,基础设施薄弱,公共服务水平不高,产业吸引力有限,经济发展相对滞后。2022年,我国东部地区人均可支配收入47 026.7元,中部地区人均可支配收入31 433.7元,西部地区人均可支配收入29 267.4元,东北地区人均可支配收入31 405.0元。[①] 东部地区人均可支配收入是西部地区人均可支配收入的1.6倍,这表明我国区域经济发展差距仍较大。除了人均可支配收入的差距,东部与中西部地区在经济发展的质量和产业结构上也存在显著差异。东部地区凭借其得天独厚的资源和长期积累的先发优势,已孕育出一批新兴产业,形成了以现代制造业、服务业和高新技术产业为主的产业结构。这些产业的高附加值和强大的市场竞争力,进一步巩固了东部地区的经济优势。相比之下,中西部地区受制于地理位置和产业基础,多依赖于资源型产业和传统重工业,产业结构相对单一,创新能力不足,经济增长的可持续性较弱。区域间产业类型和产业结构的差异,使得东部与中西部地区在经济发展的路径和潜力上存在较大分化。这种结构性差异不仅加剧了区域经济的不平衡,而且可能在未来经济发展中进一步拉大区域间的发展差距。

四、民生保障和社会治理仍然存在短板

在教育、医疗、养老、住房等民生领域,以及社会治理方面,我国仍然存在一些短板和薄弱环节。加强民生保障和社会治理,是实现共同富裕的重要基础。政府应加大对民生领域的投入,提高公共服务水平,同时创新社会治理方式,以更好地满足人民群众日益增长的美好生活需要。社会保障体系作为人民生活的安全网和社会运行的稳定器,在改善民生、维护社会公平正义、增进百姓福祉等方面发挥着重要作用。面对不断变化的经济、社会环境,我国仍需从制度和实践层面进一步健全覆盖全民、统筹城乡、公平统一、安全规范、可持续的多层次社会保障体系,以更

[①] 国家统计局编.中国统计年鉴 英汉对照 2023[M].北京:中国统计出版社,2023:169.

好地推动全体人民共同富裕事业的发展。

在当下我国社会保障体系的建设中,仍需进一步强化基础性保障体系的作用,同时推进多层次社会保障体系的建设,推动社会保障体系高质量发展,满足不同群体差异化的需求。例如,在基础保障体系层次,我国需加快完善城乡居民一体化的长期护理保险制度、生育津贴制度和儿童津贴制度,完善政策设计的同时进一步关注政策的落地、实施层面,使得我国基础保障体系能真正落到实处,满足人民群众的切实需求。关于多层次社会保障体系的建设,我国也可以加大力度发展补充性保障项目,例如,推出满足中高收入群体的商业医疗保险、商业养老保险等,满足人民群众不断变化、不断增长的社会保障需求。除此之外,我国社会保障体系建设还面临缺乏灵活性、应变能力的问题。近年来,信息技术的高速发展带来了数字经济和平台经济的崛起,对中国经济社会产生巨大影响。不仅就业方式日益多元化,就业在空间和时间上更加灵活,而且产生了一大批如外卖员、网约车司机等从事新行业、灵活就业的劳动者,这些非正规就业群体的社会保障需求也在日益增加。面对新兴的经济形态、就业方式和从业劳动者,如何能更好地保障非正规就业群体的劳动条件、劳动环境、劳动安全,也是推动全体人民共同富裕的一大难题。

我国社会保险制度也存在不平衡、不充分发展的问题,统筹层次较低,不利于互助共济、社会公平,是我国全体人民共同富裕事业面临的又一难题。长期以来,受制于城乡二元体制及社会保障改革方式的影响,我国的社会保障体系呈现明显的制度分割和碎片化现象,不同地区和群体间的社会保障水平存在显著差异。由于统筹层次较低,地区间基本养老保险和基本医疗保险的待遇差距较大,因此城乡居民与城镇职工的社会保险待遇差异也相对明显。这种不平衡不仅削弱了社会保障的公平性,而且在一定程度上限制了社会互助共济的功能。要解决这一问题,必须加快推进社会保险全国统筹,提高社会保障的整体公平性。

过去几十年间,随着我国经济的快速发展,人民的物质生活水平显著提高,但精神生活水平的提升仍然相对滞后。物质生活与精神生活之间的发展存在不平衡,人民群众精神世界的获得感、满足感、幸福感不强,对人的全面发展形成一定阻碍。当下,我国文化产品的创新性、多样性还存在不足,文化产品的质量也有待提高,群众文化消费水平相对较低,如何推动文化产业的发展,提升我国的文化软实力是我国走共同富裕道路,丰富人民群众精神生活的一大难题。除此之外,我国传统文化与现代文化的融合创新仍有不足,中华优秀传统文化的传承与弘扬机制有待进一步完善。如何将我国历史悠久的优秀传统文化与社会主义现代化的核心价值观有机统一起来,共同服务于我国的社会主义现代化建设,是仍待解决的一道难题。同时,我国公共文化资源、精神文明建设也存在着区域间、城乡间不平衡的问题。农村地区、不发达地区的公共文化产品、基础设施资源短缺较为严重,针对不同群体尤其是婴幼儿、青少年、老年人、残障人士的文化产品质量不高、多样性不足,不能满足人民群众日益增长的精神生活需要。政府政策支持力度、参与力度和服务效能仍需进一步提高。

第三节 百年未有之大变局带来的国际冲击

改革开放以来,中国经济发展的伟大成就是在相对良好的国际环境下取得的。相比之下,在追求高质量发展和共同富裕的进程中,当前国际形势正经历百年未有之大变局的加速演进。世界经济增长乏力,地区热点问题频发,外部环境的复杂性、严峻性和不确定性上升,我国经济发展所面临的外部挑战日益增多。

一、当今世界百年未有之大变局加速演进

习近平总书记指出:"当前,我国处于近代以来最好的发展时期,世界处于百年未有之大变局,两者同步交织、相互激荡。"[①]这一论断清晰地揭示了中国经济发展所面临的国际背景。当今世界正处于新一轮科技革命和产业变革的关键期,全球经济力量对比发生深刻调整,国际关系日趋复杂。中国经济必须面对日益严峻的国际政治经济格局,这对实现我国共同富裕的目标提出了新的挑战。

改革开放以来,中国从相对封闭的经济体系逐步融入全球化进程,并通过参与全球制造业分工体系、引进外资、发展出口加工工业等手段推动了经济的高速增长。2001年,中国加入WTO之后,中国对外贸易依存度不断提高,通过出口拉动经济增长的方式越来越明显。2006年,中国的外贸依存度达到了60%以上的历史高点。自2008年国际金融危机后,世界经济增速放缓,我国对外贸易依存度不断下降。2023年,我国进出口总值41.76万亿元,同比增长0.2%,对外贸易依存度约

---

① 中共中央宣传部,国家发展和改革委员会编.习近平经济思想学习纲要[M].北京:人民出版社;北京:学习出版社,2022:31.

为34.5%。[1]在全球经济增速放缓、我国对外贸易依存度下降的背景下，我国正在从过去的出口拉动经济增长模式转向更加注重内需的经济发展模式。

为了应对外部环境的不确定性，中国坚持扩大内需这个战略基点，构建以国内大循环为主体、国际国内双循环相互促进的新发展格局。这一战略的提出，旨在通过扩大内需，提升经济的自主性和经济发展的可持续性，增强经济的抗风险能力。通过强化国内市场，中国可以更好地应对外部环境的不确定性，同时通过开放合作，提升国内大循环的效率和水平。在国际政治与经济格局方面，大国竞争、地缘政治风险与全球经济调整是当前国际社会的主要焦点。面对这些挑战，中国应继续坚定奉行独立自主的和平外交政策，维护全球和平稳定的国际环境。通过加强与发展中国家的合作，积极维护发展中国家的共同利益，中国可以在全球事务中发挥更加积极的作用。此外，中国还应加大对全球治理的参与力度，倡导建设一个平等有序的多极化世界，推动构建普惠包容的经济全球化，抵制各种形式的单边主义和贸易保护主义，维护全球产业链供应链的稳定畅通。

二、全球产业链供应链不确定性和不稳定性增加

在当前世界经济格局中，受贸易保护主义、地缘政治冲突、"新冠"疫情等多重因素影响，全球产业链和供应链的不确定性和不稳定性增加。近年来，部分国家以所谓国家安全和意识形态为借口，推行脱钩、断链、友岸外包、近岸外包等政策，全球产业链和供应链布局正从以往侧重成本、效率、科技因素转向更加注重安全、稳定和政治因素。这一转变不仅增加了全球经济复苏的不确定性，而且对经济全球化带来了深远影响。

根据联合国产业分类标准，中国是唯一拥有全部工业门类的国家，制造业规模居世界首位，拥有完备的产业体系和强大的生产能力。这种独特的产业优势为中国经济社会的健康发展提供了坚实的物质基础。然而，"我国产业链供应链也存在风险隐患，产业基础投入严重不足，产业链整体上处于中低端，大而不强、宽而不深"[2]，产业链供应链韧性有待进一步提升。当前中国经济已深入融入世界经济，是

---

[1] 中国政府网.国务院新闻办就2023年全年进出口情况举行发布会[EB/OL].(2024-01-12)[2024-10-01].https://www.gov.cn/zhengce/202401/content_6925703.htm.

[2] 中共中央宣传部,国家发展和改革委员会编.习近平经济思想学习纲要[M].北京：人民出版社；北京：学习出版社,2022:147.

全球产业链供应链上的重要一环,国际市场上关键零部件短缺、原材料价格波动、运输成本增加以及贸易政策变动都会对中国经济产生深远影响。产业链供应链的稳定性直接关系到中国经济增长、就业稳定、企业盈利以及社会稳定等多个方面。如果产业链供应链存在堵点、卡点、断点,可能导致生产减缓、成本上升、出口受限,进而影响人民的收入水平和生活质量,这对于实现共同富裕的目标构成挑战。

面对全球产业链供应链不确定性和不稳定性增加的挑战,中国需采取积极应对策略,着力打造自主可控、安全可靠的产业链供应链体系。首先,要加大关键核心技术的攻关力度,尽快解决长期以来受制于人的"卡脖子"问题。只有在核心技术领域实现自主可控,才能真正保障产业链供应链的稳定性和安全性。其次,依托中国超大规模的市场优势,进一步深化供给侧结构性改革,提升国内产业链的完整性和竞争力。通过优化产业结构、提高生产效率,促进国内科技企业的发展壮大,为其提供更加广阔的市场空间和丰富的应用场景。最后,应加强多边和双边合作,积极参与全球产业链供应链的规则制定,推动构建开放型世界经济。

三、单边主义、保护主义等思潮暗流涌动

全球治理体系正面临着单边主义和保护主义思潮的挑战。自第二次世界大战结束以来,全球化进程持续推进,国家之间的分工日益深化,相互依存度逐步提高,这种趋势极大地促进了世界经济的繁荣。然而,2008年国际金融危机以来,全球范围内出现了"反全球化"的浪潮,单边主义、保护主义等思潮暗流涌动,成为对全球化体系的强力冲击。这些思潮的变化不仅影响了国际规则的制定和执行,而且对全球公共产品的提供和全球问题的解决构成了障碍。单边主义和保护主义的抬头对全球经济的开放性和合作性构成了挑战,这些思潮的兴起往往伴随着国际贸易和投资的减少,对中国实现共同富裕的目标构成了威胁。

马克思在《资本论》中深刻指出,资本积累的一般规律是贫富两极分化,即一极是富人身上财富的积累,一极是穷人身上贫困的积累。根据美联储数据,1989年,美国最富有的1%家庭占有全国23.6%的财富;到2021年,这一比例增加至32.3%,而后50%家庭仅拥有2.6%的财富。[①] 这种严重的贫富分化,推动了美国国内民粹主义和保护主义情绪的高涨,并在政策层面上表现为日益加剧的单边行

---

① 美国贫富分化持续恶化的事实真相[N].人民日报,2023-02-24.

动。近年来,美国在国际社会中不断采取单边主义和保护主义政策,频繁使用其国内贸易法中的"301条款"对中国等国商品加征高额关税。同时,美国还加大了对中国的科技公司和投资活动限制,包括对中国的高科技产品出口实施限制,以及对中国在美国的投资进行审查。这些措施不仅加剧了全球经济的不确定性,而且为全球化进程带来了新的阻碍。

尽管单边主义和保护主义在短期内为采取这些政策的国家带来利益,但这些做法会导致国际合作的障碍,增加全球经济的不确定性,损害全球供应链的稳定性,从而对全球经济产生负面影响。面对单边主义和保护主义对中国实现共同富裕的挑战,中国应继续坚持多边主义和国际合作,积极参与国际事务,推动构建人类命运共同体,通过多边机构和平台促进对话与合作。同时,通过深化供给侧结构性改革,扩大国内需求,增强自主创新能力,推动经济高质量发展。

四、全球经济社会发展不平等问题加剧

全球范围内的贫富差距扩大是当今经济社会发展中的一个突出问题。全球经济社会发展不平等,主要体现在国家内部和国家之间存在的经济资源分配不均、社会机会不公以及收入差距扩大等问题。这种现象不仅限于收入和财富的分配,而且涵盖了教育、医疗健康、技术获取等多个方面的不平等。全球不平等的加剧意味着贫富差距扩大,社会流动性降低,这不仅影响社会稳定,而且阻碍了经济社会可持续发展。根据《2022年世界不平等报告》[1],全球最富有的10%人口占有全球总财富的76%和总收入的52%,而最贫穷的50%人口仅占有全球总财富的2%和总收入的8.5%。这一数据展现了全球经济不平等的严峻现状,并表明全球财富和收入的分配高度集中,贫富悬殊。

中国作为全球最大的发展中国家,其发展模式、国际贸易关系和社会政策都与全球经济紧密相连,全球经济社会发展不平等的加剧对中国实现共同富裕构成挑战。首先,全球不平等可能导致国际贸易和投资环境的不稳定性加剧,影响中国的出口导向型企业发展,进而对国内就业和人民收入产生影响。其次,全球不平等也可能加剧国内的社会矛盾,如地区发展不平衡、城乡差距扩大等问题,这些都可能

---

[1] 2022年世界不平等报告[R/OL]. (2021-12-07)[2024-10-01]. https://wir2022.wid.world/www-site/uploads/2022/03/0098-21_WIL_RIM_EXECUTIVE_SUMMARY.pdf.

阻碍中国实现共同富裕的目标。最后,全球不平等还可能导致全球治理体系的失效,影响中国在全球经济中的话语权和影响力,从而对中国的长期发展和共同富裕目标构成挑战。

中国的发展离不开世界,世界的发展也离不开中国。为应对全球经济社会发展不平等对中国实现共同富裕的挑战,中国应采取一系列战略应对措施。首先,中国要坚定不移地推进对外开放,推动共建"一带一路"的高质量发展。通过"一带一路"倡议,中国不仅可以促进沿线国家和地区的共同发展,而且能够为全球经济的平衡发展贡献力量。习近平总书记指出:"中国对外开放,不是要一家唱独角戏,而是欢迎各方共同参与;不是谋求势力范围,而是支持各国共同发展;不是要营造自己的后花园,而是要建设各国共享的百花园。"[1]其次,中国要积极参与全球治理,通过多边合作平台解决全球化带来的不平等问题。作为全球化的积极推动者,中国应在国际舞台上发挥更加积极的作用,推动全球治理体系的改革,推动经济全球化朝着更加开放、包容、普惠、平衡、共赢方向发展。最后,中国应深化国内经济体制改革,通过深化供给侧结构性改革和扩大内需,提高经济发展的自主性和韧性。只有通过国际和国内政策双管齐下,才能在全球不平等的压力下实现共同富裕的战略目标。

---

[1] 中共中央宣传部,国家发展和改革委员会编. 习近平经济思想学习纲要[M]. 北京:人民出版社;北京:学习出版社,2022:127.

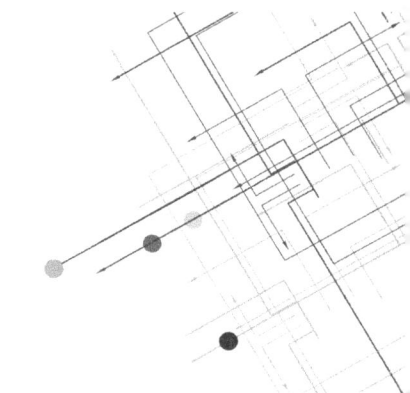

第七章

扎实推进共同富裕的实践路径与原则

党的十八大以来,党中央把握发展阶段新变化,把逐步实现全体人民共同富裕摆在更加重要的位置上,为促进共同富裕创造了良好条件、奠定了现实基础。现在,已经到了扎实推动共同富裕的历史阶段。适应我国社会主要矛盾的变化,更好满足人民日益增长的美好生活需要,必须把促进全体人民共同富裕作为为人民谋幸福的着力点。在迈向"第二个百年奋斗目标"的进程中,我国既要坚持马克思主义的基本立场、观点和方法,又要将其理论运用到实践中。概括来看,要坚持完善社会主义基本经济制度和党对经济工作集中统一领导的制度;通过社会主义社会经济的高质量发展,不断夯实共同富裕的物质基础;坚持以人民为中心的发展思想,在贯彻落实共享发展理念中实现所有人全面发展的共同富裕;将系统观念全过程地贯穿于共同富裕理论创新与实践探索之中。

第一节 坚持中国特色社会主义制度

中国特色社会主义制度是实现共同富裕的制度保障。中国特色社会主义制度本质上是社会主义性质的制度体系,不仅可以在适应社会化大生产中不断解放和发展生产力,而且可以在当前我国社会主义初级阶段中不断克服剥削和两极分化的历史弊端,为实现共同富裕扫清障碍。因此,要充分发挥中国特色社会主义制度在当前中国不断保障和改善民生、增进人民福祉,最终实现共同富裕上的制度优势。

一、在坚持完善社会主义所有制中推动共同富裕

坚持以公有制为主体、多种所有制经济共同发展的社会主义所有制,是我们党在总结社会主义建设经验和结合我国社会主义初级阶段的基本国情的基础上,提出的社会主义所有制结构。社会主义所有制不仅在社会主义基本经济制度中处于核心地位,而且由于所有制与分配制度的内在关联性,社会主义所有制在实现共同富裕中也发挥了根本支撑作用。以公有制为主体多种所有制经济共同发展有利于发挥公有制经济多种实现形式的优势,从而提高公有制经济效率,同时,多种所有制经济共同发展与社会主义市场经济相适应,能够激发市场主体活力,提高经济运行效率。与此同时,公有制主体地位能够确保经济成果的公平分配,防止贫富两极分化。因此,当前阶段,扎实推进共同富裕,要在所有制层面坚持和落实"两个毫不动摇",厚植实现全体人民共同富裕的制度根基。

一方面,毫不动摇巩固和发展公有制经济,大力发挥公有制经济在推动共同富裕中的重要作用。首先,不仅要通过国企分类改革,优化商业一类、二类以及公益类企业的职能,而且在转向"管资本"的时代背景下,要加大企业授权力度和范围,让企业拥有更多的经营自主权,进而发挥国有资本投资、运营公司的经济作用。此外,在当前深化混合所有制经济改革中,鼓励、支持和引导国有资本、集体资本以及其他社会资本等交叉持股,促进混合所有制经济健康发展。其次,要将国企改革聚焦在关系国家安全、国民经济命脉的重要行业和关键领域,加大公益性、公共服务类,以及战略性新兴产业等国资布局。此外,针对积极参与市场充分竞争领域的国企国资,还要充分发挥国有资本投资、运营公司的职能作用,灵活调整国有资产证券化比例及其投资动向,促进国有资本的合理流动。再次,作为社会主义性质的国有企业,不仅肩负攻关"卡脖子"关键技术领域的艰巨使命,而且是着力破解关键核心技术、掌控战略科技、提升现代产业链的"排头兵"。为此,国有企业要充分发挥新举国体制的制度优势,加大"高精尖"、战略性和关键性行业领域的投资力度,重组或组建新型企业,提高企业的创新力度和研发能力,破解行业部门的技术垄断难题。最后,不断深化国有企业法人治理结构和市场化经营机制改革,健全完善经理人员的管理制度。特别是在深化混合所有制改革中,要健全中国特色企业员工持股制度,充分调动不同劳动者的生产积极性、主动性和创造性,激发国有企业的发

展活力和内生动力。

另一方面,毫不动摇鼓励、支持、引导非公有制经济发展,促进非公有制经济健康发展、非公有制经济人士健康成长。首先,要进一步全面深化现代产权制度改革,保证各类所有制经济依法平等使用生产要素、公平参与市场竞争、同等受到法律保护。同时积极落实竞争审查制度,不断破除行政垄断、区域分割、地方保护以及对非公有制经济各种不合理规定,防止公权排斥或限制市场竞争问题的频繁出现。其次,减轻企业税负负担,严查涉企违规收费行为,不断降低民营企业成本费用,同时还要破解中小微企业融资难融资贵问题,建立健全防范和化解拖欠中小企业款项问题的长效机制。再次,深化政府职能转变,提升政府服务意识和能力,不断深化完善民营企业监管和政策支持制度等制度体系,为民营企业提供权责明确、公开透明、简约高效的政务环境。最后,完善劳动者权益保障、消费者利益保护等制度建设,同时还要引导非公有制经济人士积极履行社会责任,从而为全社会共同富裕做出更大贡献。

二、在坚持和完善基本收入分配制度中促进共同富裕

收入分配制度是直接影响经济分配状况的制度安排,完善收入分配制度对扎实推进共同富裕具有重要作用。按劳分配为主体、多种分配方式并存的收入分配制度是我们党在总结中国特色社会主义经济建设经验的基础上逐渐形成的,与社会主义初级阶段的所有制结构和社会主义市场经济体制相适应,不仅是新时代中国特色社会主义基本经济制度的重要组成部分,而且逐渐成为实现共同富裕的基础性制度安排。社会主义市场经济条件下,当前我国的基本分配制度贯穿于三次分配配套制度体系之中,不仅促进了效率与公平关系的有机统一,而且有利于推动共同富裕的具体实现。概括来看,首先要充分发挥市场机制在国民收入初次分配中的决定性作用;其次是加大政府在税收、转移支付和社会保障等方面再分配的调节力度和精准性;最后是将道德力量作为初次分配、第二次分配的补充形式,引导企业、居民和公益组织有序参与公益慈善事业。为了扎实推动共同富裕,需要进一步充分发挥当前我国分配制度的基础性作用。

一方面,充分发挥按劳分配在推动共同富裕中的主导作用。在深化社会主义市场经济发展中,不仅要坚持和巩固按劳分配的主体地位,而且要充分发挥按劳分配及其实现形式在所有分配方式中的指导作用。为此,在促进按劳分配与按要素

分配有机结合中,加快完善复杂劳动或创新劳动及其衍生的技术、管理和知识等要素按贡献参与分配的政策制度,充分调动劳动人民的生产积极性、主动性和创造性,进而提高社会生产力。此外,还要坚持诚实劳动、合法经营以及勤劳创新致富原则。在共同富裕的早期实践中,"先富帮后富"的发展理念在解放和发展生产力、提高各类所有制经济和劳动者的生产率,以及创造社会财富等方面发挥了重要的历史作用。当前阶段,为了扎实推动全体人民的共同富裕,按劳分配原则需要实现效率与公平的有机统一。不仅要有效化解分配不合理不公平问题,缩小居民收入和财富分配差距,畅通社会流动通道,防止社会阶层固化,给予更多劳动群体创造致富机会,而且要在实现共同富裕的道路上引导劳动者勤奋劳动、诚实劳动和创新劳动,避免"内卷""躺平",不断激励广大劳动者群体积极参与到社会主义经济建设的实践中。

另一方面,充分发挥多种分配方式并存在推动共同富裕中的重要作用。首先,在深化社会主义市场经济体制改革中,要健全和完善各生产要素参与分配的政策制度,不断丰富劳动、资本、土地、知识、技术、管理、数据等生产要素的内涵和形式,激励不同要素所有者加大投资力度,进而拓宽居民收入增收渠道。其次,在健全不同生产要素按贡献参与分配的机制中,充分发挥市场机制的决定性作用,通过供求、竞争和价格等市场机制,科学评价各类生产要素在社会财富及其价值创造中的不同贡献,同时保护生产要素所有者的合法收入,最大限度实现收入分配的公平正义。最后,在完善按要素分配的体制机制中,还要更好地发挥政府作用,持续规范收入分配秩序和财富积累机制,努力形成有效增加低收入群体收入、稳步扩大中等收入群体规模、合理调节过高收入的制度体系,为"橄榄型"的居民收入分配结构奠定更为广泛的群众基础。

三、在深化改革社会主义市场经济体制中促进共同富裕

社会主义市场经济体制既是公有制与市场经济的有机结合,也是我国社会主义理论创新与实践探索的伟大创举。改革开放 40 多年以来,社会主义市场经济体制趋于成熟,逐渐成为高质量发展中促进全体人民共同富裕的基本性制度保障。一方面,充分发挥了市场机制在资源配置中的决定性作用,激发各类微观经济主体的积极性和创造活力,进而解放和发展生产力,不断增强实现共同富裕的物质基础;另一方面,更好地发挥政府的宏观调控作用,在提高经济效率的同时,也有利于

保障社会公平正义,推动全体人民在实现共同富裕的道路上持续迈进。

一方面,充分发挥市场机制在资源配置中的决定性作用。对仍然处于社会主义初级阶段的中国来说,解放和发展生产力,提高经济数量和质量,寻求经济发展仍然是社会主义现代化建设的首要任务。要充分运用市场经济体制在优化资源配置、提高资源配置效率中的作用,充分发挥市场经济的优势,进一步深化改革,以构建高水平社会主义市场经济体制为目标,为扎实推进共同富裕奠定经济基础。第一,完善统一开放、竞争有序的市场体系。通过厘清和废除妨碍市场公平竞争的各种规定,严禁和惩处各类违法实行优惠政策的行为,破除地方保护和市场分割,不断促进市场规则的公开透明。第二,完善由有效市场决定、有为政府调控的价格机制,促进效率与公平的有机统一。在完善一般要素、产品和服务的市场价格决定机制的基础上,深化诸如石油、天然气和电力等重点领域的价格机制改革,优化更加合理的价格杠杆来提高社会资源的配置效率。第三,加快建设国内统一大市场制度体系。通过深化市场化改革,打通制约国内经济大循环的堵点难点,形成全国统一的要素资源和商品服务的市场体系,进而为高标准市场体系、高水平社会主义市场经济体制奠定制度基础。

另一方面,更好地发挥政府作用。实现共同富裕仅有市场的作用是不够的,市场具有滞后性、盲目性等缺陷,存在市场失灵。市场经济更多作用表现在提高微观经济效率上,但可能造成收入分配差距拉大等经济社会问题,这是市场经济自身无法解决的。马克思在《资本论》中揭示了资本主义市场经济必然带来贫富两极分化的规律,法国经济学家皮凯蒂在《21世纪资本论》中也论证了类似的观点,也就是市场经济将会使经济增长成果的分配差距拉大。因此,市场经济的发展需要政府发挥应有的作用。第一,提高政府的宏观经济治理能力。在加强政府对社会主义市场经济的宏观治理作用的同时,还要强化政府弥补市场失灵的能力,减少因市场造成的垄断、负外部性和非对称性信息等问题。第二,加快政府职能转变,增强政府公共服务供给。政府加大一般性公共财政支出,健全多层次的社会保障制度体系,不断提高基本公共服务的均等化水平,更多更公平用于保障和改善民生,增进民生福祉。第三,加强政府市场监管能力,维持市场秩序,保障公平竞争,促进社会公平正义,着力解决政府干预过多和监管不到位的问题,维护公平竞争的市场秩序。

四、在加强党对经济工作集中统一领导中促进共同富裕

党的领导作为中国特色社会主义最大的优势,是确保社会主义现代化建设事业顺利进行的根本保障,也是确保改革开放和现代化建设能够朝着正确的方向前进的根本指针。"坚持加强党对经济工作的集中统一领导,完善党中央领导经济工作的体制机制,保证我国经济沿着正确方向发展。"[①]加强党对经济工作的集中统一领导,既是马克思主义政党使命担当的必然要求,也是新时代扎实推进共同富裕的根本政治保证。实现共同富裕是中国人民的夙愿,作为人口规模巨大的国家要实现全体人民共同富裕是艰巨且复杂的,需要经济、政治、文化、社会和生态等领域共同发展、整体推进,需要党统领全局。因此,实现共同富裕离不开党对经济工作的集中统一领导,离不开党的全面领导。为此,在加强党对经济工作集中统一领导中促进共同富裕既是充分发挥中国特色社会主义制度的优势所在,也是新发展阶段扎实推进共同富裕的关键举措。

第一,不断完善党对经济工作集中统一领导的体制机制。体制机制建设对加强党的领导具有长期性和可持续性,当前要从多个方面完善党的领导的体制机制。一是从党中央到地方各级党组织,都要不断贯彻落实党对经济集中统一领导的主体责任,形成务实高效的统筹决策机制;二是统筹协调各级党组织与人大、政府、政协和纪委之间的联动关系,充分发挥党总揽工作全局、协调各方的核心作用;三是强化各级党组织的督办落实机制,尤其是优化考核体系,提高乡村振兴、高质量发展、改善和保障民生等指标权重,引导和激励广大党员积极参与到实现共同富裕的伟大实践中去。

第二,提高党对经济工作集中统一领导的能力水平。党的领导能力的提升是增强党的领导的有效性的基础和前提,要从专业化法治化角度提高党的领导能力和水平。一是提高党领导经济工作的专业化水平,比如,加强理论学习、开展调查研究、优化领导班子的知识结构,以及发挥各类智库和研究机构作用,等等;二是提高党领导经济工作的法治化水平,自觉运用法治思维来调节经济关系,为经济发展营造充满活力且竞争有序的市场环境;三是加强各级党委领导工作的政治责任感,始终在思想、政治和行动上树牢"四个意识",坚决做到"两个维护",不断推进诚信

---

① 中央经济工作在北京举行[N].光明日报,2017-12-21.

社会和法治社会建设。

第三,坚持稳中求进的工作总基调。"稳"强调经济增长、就业、物价和社会经济环境等方面的"平稳"状态,而"进"涵盖效率的提高、动能的转换、结构的升级、生态和民生的改善,从而实现经济社会健康可持续发展。因此,要把握好经济发展的节奏和力度,使得稳健的宏观政策、灵活的微观政策、精准的产业政策以及托底的社会政策等互相配合,着力解决不平衡不充分发展的突出矛盾,不断满足人民日益增长的美好生活需要。

第四,把全面从严治党要求体现在加强党对经济工作的集中统一领导之中。只有坚持全面从严治党,党的领导才能够发挥正确的导向作用,才能够在推进共同富裕中发挥出引领作用。概括来看,一是把党的政治建设放在首位,发挥党的政治建设的统领作用;二是旗帜鲜明反对腐败,确保党始终代表广大人民群众的根本利益;三是建立健全权力约束机制,把权力关进制度的笼子里;四是建立党委工作责任制,坚持党建工作和经济工作"两手抓",两手都要"硬"。

第二节　在高质量发展中促进共同富裕

共同富裕是高质量发展的最终目的,高质量发展是实现共同富裕的必经之路,两者统一于全面建设社会主义现代化建设和中华民族伟大复兴的实践之中。从根本上来看,高质量发展是不断满足人民日益增长的美好生活需要的发展,而共同富裕则是高质量发展要求在经济、社会、文化、生态、精神等领域的具体体现。因此,只有坚持以高质量发展促进共同富裕,才能保证做大"蛋糕"的同时也分到更大、更好的"蛋糕"。

一、积极培育新质生产力提升富裕水平

新质生产力是创新起主导作用,摆脱传统经济增长方式、生产力发展路径,具有高科技、高效能、高质量特征,符合新发展理念的先进生产力质态。[1] 它不仅是推进高质量发展的内在要求和重要着力点,而且是新时代实现共同富裕的重要物质

---

[1] 习近平. 发展新质生产力是推动高质量发展的内在要求和重要着力点[J]. 求是,2024(11):6.

力量和新动能。立足于新一轮科技革命和产业变革的时代背景,我国可以从以下方面来培育和发展新质生产力:

第一,深化关键性体制机制改革,消除新质生产力发展的制度性障碍。充分发挥新举国体制在科技创新上的制度优势,激发国有企业国有资本积极投身于攻破"卡脖子"技术;加快构建高水平社会主义市场经济体制,保护合法产权,优化行政审批,为民营资本参与创新提供有利条件;健全科技创新体制机制,优化科技成果评价体系,推动产学研深度融合,促进科技事业健康发展;完善区域协调体制机制,消除区域壁垒,加强地区间的协同发展,为新质生产力的形成和发展提供良好环境。

第二,既要培育战略性新兴产业,又要利用数字经济改善传统产业。优化新兴产业的时空布局,发挥不同区位的比较优势,对于产业群发达的东部沿海地区,聚焦在半导体与集成电路产业、网络与通信产业等新兴产业,而在中西部地区创新发展传统制造业和特色农业。与此同时,充分发挥物联网、云计算、人工智能等数字技术对新兴产业的推动作用,优化经营管理方式,降低生产成本,进而大幅度提高生产效率。

第三,壮大人才队伍,培育发展新质生产力的"人才红利"。一方面,创新人才培养体系,建立适应新质生产力的职业教育体系。根据新兴产业的发展,灵活调整学科专业结构,促进专业人才充分就业,同时加强校企合作,提高职业教育的质量水平,为相关技术人员提供良好的发展环境。另一方面,针对新兴产业领域,加快形成人才管理和评价制度。充分发挥多元评价主体作用,积极探索和完善同行评议制度,建立以同行评价为主、市场评价和社会评价为辅的学术评价机制,同时根据不同学科、行业的具体特点和发展规律,制定"弹性"的评价考核周期,设置科学合理的考核要求和学术激励政策。

第四,在高水平对外开放中发展新质生产力。新质生产力的发展离不开各种优质的资源要素和开放的市场环境,因此,要不断提高开放水平。首先,在高水平科技自立自强的建设中,重视科技创新的国家交流与合作,以此来吸收国外高新技术,提升科技创新效率和能力。其次,重视中国制造业在全球产业链和价值链的发展位置,在科技创新中不断增强国际舞台上的竞争力、创新力和影响力。最后,重视海外人才在科技创新中的关键作用,在加强与海外人才交流合作的同时,也要不断优化人才引进的政策环境。

二、加快建设共同富裕的现代化经济体系

加快建设现代化经济体系不仅是实现高质量发展的必然要求,而且是共同富裕战略目标具体实现的重要保障。此外,现代化经济体系是由社会经济活动各个环节、各个方面、各个领域的相互关系和内在联系构成的一个有机整体。总体来看,主要包括以下内容:一是建设创新引领、协同发展的产业体系,二是建设统一开放、竞争有序的市场体系,三是建设体现效率、促进公平的收入分配体系,四是建设彰显优势、协调联动的城乡区域发展体系,五是建设资源节约、环境友好的绿色发展体系,六是要建设多元平衡、安全高效的全面开放体系,七是要建设充分发挥市场作用、更好发挥政府作用的经济体制。

因此,为了在高质量发展中扎实推进共同富裕,以上几个体系不仅要协调统一、整体推进,而且要重点突出,做好以下方面工作:第一,要大力发展实体经济,筑牢现代化经济体系的坚实基础。为此,要深化供给侧结构性改革,加快发展先进制造业,推动互联网、大数据、人工智能同实体经济深度融合,推动各生产要素资源向实体经济集聚,各类积极政策措施向实体经济倾斜,各方面工作力量向实体经济强化,不断营造脚踏实地、勤劳创业、实业致富的发展环境和社会氛围。第二,要加快实施创新驱动发展战略,强化现代化经济体系的战略支撑。不仅要加强国家创新体系建设,强化战略科技力量,而且要推动科技创新和经济社会发展深度融合,塑造更多依靠创新驱动、更多发挥先发优势的引领型发展。第三,要积极推动城乡区域协调发展,优化现代化经济体系的空间布局。现阶段,既要推动乡村振兴战略和新型城镇化战略,不断缩小城乡发展差距,还要贯彻落实区域协调发展战略,不断推进京津冀、长江经济带以及粤港澳大湾区等协调发展。第四,要着力发展开放型经济,提高现代化经济体系的国际竞争力。当前阶段,要充分利用和联动国内外资源和市场,持续推进"一带一路"框架下的国际交流与合作。坚持全方位对外开放,处理好开放与安全的关系,不断提高本国产业和企业的国际竞争力,为现代化经济体系建设创造有利的国际竞争环境。第五,要进一步全面深化经济体制改革,完善现代化经济体系的制度保障。为此,要加快构建高水平社会主义市场经济体制,坚决破除阻碍各方面发展的体制机制弊端,激发各类市场主体创造社会财富的积极性、主动性和创造性。

三、坚持数字经济发展与规范并举

当今时代,数字经济业已成为一种新的经济形态,数字经济与实体经济的深度融合成为当前经济社会的基本特征和发展趋势。数字经济不仅是高质量发展的内在要求和发展动力,在推进全体人民共同富裕的建设中也发挥了重要作用。一方面,数字经济通过数据要素和提供新岗位这两种方式参与收入分配中,因此通过优化分配制度可以保障数据要素所有者的利益,调动数据要素各参与方的积极性;另一方面,数字经济的强渗透性和广覆盖性决定了其具有一定的共享性和普惠性,因而健康发展的数字经济能够发挥其对于改善收入分配和缩小收入差距的积极作用,有利于全民共享数字经济发展红利和助力共同富裕。当前阶段,"推动数字经济健康发展,要坚持促进发展和监管规范两手抓、两手都要硬,在发展中规范、在规范中发展"①。为此,在高质量发展中实现共同富裕,数字经济仍然要坚持发展与规范同时并举。

第一,鼓励、支持和引导社会资本有序流动到工业互联网建设中。在促进数字经济和实体经济深度融合上发挥积极作用,提高传统产业和新兴产业的生产力和质量水平。同时,既要引导资本加强对劳动者的数字技能培训,也要随着数字经济发展,不断完善相关的劳动法律法规,保障数字劳动者的合法权益。

第二,健全数字经济中的收益分配机制。既要在初次分配中保障价值分配的公平性,防范资本在分配中过度获取利润,同时积极探索数字税收,通过再分配调节收入差距。此外,要引导资本不断推进数字经济的包容性增长,帮助居民提高融入数字经济和数字化生活的能力,借助数字技术挖掘公众对公共服务的需求,进而在提升公共服务质量的同时促进人民群众共享数字经济发展红利。

第三,完善数字经济发展趋势完善反垄断监管体系。既要防止平台企业滥用垄断地位扰乱市场公平竞争秩序和获取垄断利润,保障市场有序流通;同时,鼓励国有资本参与数字平台建设,强化国有资本对民营资本的引领作用,引导平台企业积极承担社会责任,实现国有资本与民营资本在数字经济发展中的互补作用。

第四,健全数字经济发展及其产品与服务的监管机制。为此,要严格监督商品宣传的真实性,严厉处罚虚假宣传行为,保障消费者的知情权和选择权。同时,推

---

① 习近平.不断做强做优做大数字经济[J].求是,2022(2):7.

动算法公开透明,加强对算法的审查,保护用户数据安全,严禁数字平台滥用用户个人信息赚取利益,防范资本滥用算法造成风险和损失。

四、统筹扩大内需和供给侧结构性改革

党的二十大报告提出:"把实施扩大内需战略同深化供给侧结构性改革有机结合起来。"[1]一方面,深化供给侧结构性改革是实现高质量发展的治本之策,实施扩大内需战略是推动高质量发展的关键举措。另一方面,两者的有机结合,可以在推动高质量发展中共同助力于实现共同富裕,前者从供给侧为人民群众提供更高质量的产品和服务,后者在需求侧不断满足人民日益增长的美好生活需要。在实践中,可以从以下三个方面来推进二者的有机结合:

第一,通过优化供给结构来扩大有效内需,进而满足人民群众对美好生活的需要。一是面向需求结构变化和供给改革,合理扩大有效投资需求,提高供给活动的全要素生产率,通过提高供给质量带动需求更好实现。二是在"做大蛋糕"的同时"分好蛋糕",提升参与生产的各方面经济主体的收入水平,促进共同富裕,为消费需求的扩容升级提供内生动力。三是坚持"有效市场"和"有为政府"有机结合,协调不同部门、产业和行业的生产,引导需求健康发展。

第二,充分发挥我国超大规模市场优势,依托扩大内需战略深化供给侧结构性改革。一是立足我国幅员辽阔、市场规模巨大的现实条件,开展具有鲜明特色的技术创新和组织创新。二是通过技术升级加快补齐短板,不断优化产业链和价值链。三是适应新一轮科技革命和产业变革趋势,加快前沿技术研发和应用推广,以新供给创造新需求,促进经济高质量发展,实现动态平衡。

第三,实现宏观调控向宏观经济治理的转变,形成总供给管理与总需求管理有机结合的宏观调控机制。在发展目标上,建立多元化、多层次和多维度的宏观经济治理目标体系,不断满足人民日益增长的美好生活需要。在实施主体上,建立以"国家"为主导的中国特色宏观经济治理模式,破除西方经济学将"政府"视为宏观调控实施主体的传统认知。在政策手段上,中国特色宏观经济治理要把跨周期调节与逆调节结合起来,不断完善和创新宏观调控思路和方式。

---

[1] 高举中国特色社会主义伟大旗帜 为全面建设社会主义现代化国家而团结奋斗[N]. 人民日报,2022—10—26.

第三节　坚持以人民为中心的发展思想

社会主义经济的发展是以人民为中心的发展,其基本内涵包括:必须坚持发展为了人民、发展依靠人民、发展成果由人民共享,不断满足人民日益增长的美好生活需要,促进人的全面发展、全体人民共同富裕,并将其作为做好一切经济工作的出发点和落脚点。坚持以人民为中心的发展思想,既要贯彻落实共享发展理念,又要深化全体人民共同富裕的科学内涵及其实现路径。

一、以共享发展推进全民共同富裕

坚持以人民为中心的发展思想,关键在于贯彻落实共享发展的理念。"共享是中国特色社会主义的本质要求。必须坚持发展为了人民、发展依靠人民、发展成由人民共享,作出更有效的制度安排,使全体人民在共建共享发展中有更多获得感,增强发展动力,增进人民团结,朝着共同富裕稳步前进。"[①]由此可知,共享发展理念本质上就是坚持以人民为中心的发展思想,指明新发展阶段实现共同富裕的基本要求和关键途径,因而是对共同富裕思想的深化和发展。

第一,共享是全民共享,即突出了发展的目的是全体人民的福利,共享发展是人人享有、各得其所,不是少数人共享、一部分人共享。这要求在发展过程中保持合理的分配格局,使不同的行业、阶层、区域以及城市和乡村的人民群众都能享受到现代化的发展成果。值得注意的是,共享发展不是"劫富济贫",也不是以平均主义的方式分配发展成果。这意味着,既要把收入分配差距控制在合理范围内,又要避免贫富分化,维护社会公平正义。当前阶段,实现共享发展要"守住底线",更多更公平地保障和改善民生,进而在消灭绝对贫困的基础上,让困难群众和低收入者也能够享有发展成果。

第二,共享是全面共享,即强调发展对象极为广泛,共享发展的最终目的是促进人的全面发展,因此共享成果的范围也是全面的,从而全面保障人民在各个方面的合法权益。概括来看,共享发展布局要让全体人民在经济上拥有获得感,而且要

---

① 中共中央文献研究室编.十八大以来重要文献选编(中册)[M].北京:中文文献出版社,2016:793.

保证人民在政治上当家作主,享受更加丰富的文化成果、更加和谐稳定的社会环境以及可持续的生态环境。总之,共享发展不仅涉及每个人享有的私人产品,而且包括全体人民共享的制度、文化、生态等公共品。因此,实现共享发展,要在解放和发展生产力,推动高质量发展中,加大对公共产品的投入,让全体人民享受到全方位的发展成果,促进人的全面发展。

第三,共享是共建共享,即发展的前提是全体人民共同建设,要充分发扬民主,广泛汇聚民智,最大激发民力。人民群众享有的发展成果毕竟要取决于可供分配产品的数量与质量,而共建就是为了生产出更多优质产品,供全体人民共享。同时,实现共同富裕,促进人的全面发展本质上是以丰裕社会和社会生产力高度发达为前提的。因此,要不断完善收入分配制度,激发全社会勤劳致富、奋斗致富的内生动力,让一切劳动、知识、技术、管理、资本的活力竞相迸发,让一切创造社会财富的源泉充分涌流,使全体人民共同参与现代化建设过程,也能共享现代化一切成果。

第四,共享是渐进共享,共享发展必将是一个从低级到高级、从不均衡到均衡的过程,即使达到较高水平也会有所差别。当前中国仍然并长期处于社会主义初级阶段,城乡、区域和群体等层面都存在发展不平衡不充分的问题。这要求我们以渐进式的方式推进共享发展,立足国情、立足经济社会发展水平综合考虑共享发展的政策举措。既要建立切实可行的政策改善民生,让人民有更多的获得感,又要因地制宜、量力而行,防止好高骛远。这意味着,即使当前我国已经全面建成小康社会,向"第二个百年奋斗目标"迈进,但是依然要推进巩固拓展脱贫攻坚成果同乡村振兴有效衔接,促进农村农民共同富裕,逐渐实现更高级的共享发展。

总而言之,共享发展本质上要实现全体人民共享发展成果,既要实现共同富裕,又要促进人的全面自由发展。在实践中,共享发展可以归结为两个方面:一是不断做大做好"蛋糕",充分调动人民群众的积极性、主动性、创造性,举全国之力推进中国式现代化发展;二是不断分好切好"蛋糕",充分发挥中国特色社会主义的各方面优越性,让人民群众拥有更多的获得感、满足感和幸福感。

二、实现物质和精神的全面共同富裕

共同富裕既要实现物质生活的丰裕,也要获得精神生活的富足。物质生活的全面富裕强调物质财富是由全体人民高效率地创造出来的,并且所创造的所有财富是全体人民公平享受的,此外,财富的创造和分配处于稳步提高的状态。而精神生活的全面富裕既包括每一个人的全面自由发展,也包括人类命运共同体所拥有的共同价值观。

一方面,物质生活的全面富裕已经不只是过去传统社会仅满足人的基本生活需要,实际上在当代社会已经涵盖了七个"有所":(1)"幼有所育"是指所有儿童自出生起就平等享有健康的养育和成长的权利。儿童不仅是父母的财富,更是国家的未来,因此所有儿童都需要得到平等的保护和关爱。(2)"学有所教"是指所有儿童自出生起便享有接受教育的基本权利。当前中国实行的九年义务教育基本达到这一目标,并且未来还需要进一步将义务教育向幼儿园扩展和向高中延伸,使所有未成年人都能得到公平的受教育机会。(3)"劳有所得"是指劳动者付出的劳动都能得到相应的收入,多劳多得、少劳少得。为此,不仅需要在市场经济的分工合作中全面落实"劳有所得"基本原则,大力培育和弘扬社会契约精神,而且需要建立健全相应的劳动法律加以保障。(4)"病有所医"是指所有患病的社会成员都能得到及时有效的治疗。身心健康不仅是衡量人口素质和人力资源质量的重要指标,而且是每一个社会成员享有的基本人权。当前我国需要进一步完善基本医疗保障制度,提高国民基本医疗保障的质量水平。(5)"老有所养"是指所有老人都能身心健康地度过晚年。尊老爱幼不仅是中华民族的优良传统,而且是当代我国社会文明的基本底线。当前我国需要坚持福利性公共政策向老人倾斜,形成多元化供给主体的养老服务体系,以满足老年人多类型、多层次的服务需求。(6)"住有所居"是指人人享有平等和公平的居住权。安居乐业是中国人民自古以来的追求,也是当代公民的基本需求和权利。当前我国要坚持"房子是用来住的,不是用来炒的"的定位,加快建立多主体供给、多渠道保障、租购并举的住房制度,让全体人民住有所居。(7)"弱有所扶"是指弱势群体能得到基本的帮扶。弱势群体包括鳏寡孤独者、老弱病残者,以及遭受重大灾难袭击者等,他们理应享有基本的人身权利,衣、食、住、行等方面得到政府和社会的基本关照。

另一方面,精神生活的共同富裕包括两个方面:一是个人精神的自由和强大,二是人与人之间形成和谐的价值共同体。改革开放以来,在培育合格公民方面也形成了独特的标准体系。一是20世纪80年代以来逐渐形成的"五讲四美三热爱"行为标准:讲文明、讲礼貌、讲卫生、讲秩序、讲道德;心灵美、语言美、行为美、环境美;热爱祖国、热爱社会主义、热爱中国共产党。二是2012年提出的社会主义核心价值观:富强、民主、文明、和谐;自由、平等、公正、法治;爱国、敬业、诚信、友善。当然，这两大标准是国家和社会对个人的期望目标和外在要求，而对个人的精神成长和心灵发展重视得还不够。因此，在今后扎实推动共同富裕的过程中，不仅要实现物质文明的高质量发展，而且要重视人的精神文明的高质量发展。只有每一位公民普遍拥有自尊、自强、自立的强大人格，才能逐渐建立强大的国家和民族，努力实现"第二个百年奋斗目标"。与此同时，改革开放四十多年来，由于我国仍处于传统社会向现代社会、农业社会向工业社会、全面脱贫向共同富裕等快速转型的时期，一些旧的道德伦理、价值观念和行为规范被扬弃，而新的道德伦理、价值观念和行为规范还处于建设和完善过程中，因此人与人共同体的精神富裕还远没有形成。这些问题不仅是发展不平衡、不充分和分配不公正等方面的问题，实际上也反映了价值观引导和共同体建设有关的思想观念问题。因此，需要在扎实推动共同富裕中，辩证认识新旧观念转变过程中发生的矛盾冲突，不能操之过急，而需要在发展中逐步化解。同时，除了坚持用社会主义核心价值观念来凝聚共同体，更重要的是建立公平、公平、公开的法律法规，真正实现依法治国，做到法律面前人人平等，从而全面推进社会主义现代化强国建设。

三、实现城乡和地区间的全方位共同富裕

共同富裕既是物质和精神的全面共同富裕，也是城乡与地区之间的全方位共同富裕。习近平总书记多次强调，我们的共同富裕绝不是个别地区、个别城市的共同富裕，而是地区之间、城乡之间的共同富裕。也就是说，实现共同富裕要求缩小地区差距，实现东中西部地区均衡发展，缩小城乡差距，实现城乡融合发展。党的十八大以来，以习近平同志为核心的党中央深入实施区域协调发展战略、城乡融合发展战略和乡村振兴战略，通过区域协调和城乡融合，带动中西部地区富裕起来，实现乡村振兴，推动农业现代化，最终实现城乡和区域间的全方位共同富裕。尽管新时代以来我国居民收入有大幅度提升，但是居民收入分配差距仍然较大，而这正是我国逐渐实现共同富裕、促进所有人全面发展的重要阻碍之一。为此，我们要坚持以人民为中心的发展思想，关注区域协调发展和城乡融合发展，不断缩小地区之间、城乡之间的差距，使得中西部地区和农村人口也能够享受到经济发展和社会进步的红利，提高人民的满意度和获得感。

第一，城乡差距缩小和融合发展。缩小城乡收入差距最重要的手段是深化改革城乡二元体制，改革城乡二元户籍制度、土地制度和公共服务制度，使市场机制

在生产要素配置和流动中发挥决定性作用。另外，不断提高城乡基本公共服务的均等化水平，加快城乡二元结构向城乡融合发展，再到城乡一体化的真正实现。当前我国正在推进巩固拓展脱贫攻坚成果同乡村振兴有效衔接的战略工作，这正是缩小城乡发展和收入分配差距，实现城乡共同富裕的应有之义。

第二，地区差距缩小和协调发展。地区之间协调发展是推进全方位共同富裕的必然要求，当前要坚持贯彻落实协调发展理念，推动各地区平衡和协调发展。一是加快非均衡发展战略向区域协调发展战略的转变，协调东部沿海地区、中西部革命老区、民族地区、边疆地区和贫困地区，以及东部老工业地区等区域的发展；二是尊重城市发展规律，按照国土空间主体功能区规划，有规划、有开发、有保护，通过以城市群为主体的城镇发展格局带动区域间的协调发展；三是遵循并利用市场经济的基本规律，加快推进全国统一大市场建设，加快劳动、资本、技术等要素在不同地区之间的良性循环，促进区域经济的高质量发展，进而缩小区域间的居民收入差距。

第三，群体差距缩小和共享发展。城乡融合、区域协调发展的最终体现在于全体人民之间的共享发展。扎实推进共同富裕，必须解决群体之间收入差距较大和相对贫困的问题，让人民具有满意感和获得感。一是提高劳动者的初次收入分配中的工资收入比重；二是调节垄断和金融行业部门，与竞争和非金融行业部门之间的工资收入差距；三是不断完善社会保障制度体系，缩小城乡、区域和行业在养老、医疗以及其他社会福利上的待遇差距；四是保护科技创新人才和企业家的合法合理收入，通过第三次分配调节不同群体收入差距。

第四节　坚持以系统观念推进共同富裕

系统观念既是唯物史观和唯物辩证法的重要内容，也是历代中国共产党带领中国人民群众进行共同富裕实践的思想方法。"我们要善于通过历史看现实、透过现象看本质，把握好全局和局部、当前和长远、宏观和微观、主要矛盾和次要矛盾、特殊和一般的关系，不断提高战略思维、历史思维、辩证思维、系统思维、创新思维、法治思维、底线思维能力，为前瞻性思考、全局性谋划、整体性推进党和国家各项事业提供科学思想方法。"①当前阶段,扎实推动共同富裕仍然要坚持系统观念,并且将其贯穿于共同富裕理论创新和实践探索的全过程。

一、用整体性思维把握全局与局部的关系

整体性思维强调系统全局与其不同局部的关系,认为整体是由各个局部按照一定的内在联系组织起来的,要求认识事物要从整体和系统的视角进行把握。共同富裕是一个系统的概念,具有丰富的内涵,实现共同富裕也是一个动态过程,在扎实推进共同富裕的过程中,要注重从整体和系统的视角把握共同富裕实现的各个阶段,理解共同富裕的深刻内容。在特定条件下为了推进共同富裕全局性和整体性的进程,需要调整和处理不同局部之间的利益关系。

一方面,理解"先富帮后富"到"共同富裕"的关系。由于我国社会主义社会是建立在生产力极其落后和不发达的"半殖民地半封建社会"基础上的,即使在计划经济体制下依然面临着严重的短缺经济困境。为此,改革开放只有以经济建设为中心,不断解放和发展生产力,优先考虑效率问题,才能破解整体贫困的局面。如今,尽管改革开放四十多年来已经实现了一部分地区、一部分地区的富裕,但是仍然是局部富裕,而非属于全体人民的整体富裕。与此同时,城乡区域发展的居民收入的差距的扩大化,不仅拉开了贫富差距,而且偏离了实现共同富裕的初衷。为此,当前扎实推动共同富裕,既要重视全体人民的富裕问题,通过城乡区域协调发展将改革发展成果惠及更多人民群众,同时重视社会公平正义问题,不断实现效率与公平的有机统一。

另一方面,理解物质富裕与精神富足的关系。马克思主义认为,共产主义要求在实现全体人民共同富裕的基础上,进一步推进人的全面发展,而人的全面发展显然包括"物质"和"精神"这两大层面。与此同时,在不同历史条件下,物质富裕和精神富足这两个局部的关系也处于协调发展的过程。改革开放初期,社会经济的发展侧重于满足人的物质需要,主要体现在居民收入的增长、消费水平的提高,以及恩格尔系数的下降等层面。当前阶段,需要通过推动高质量发展来提升人民生活品质,不断满足人民日益增长的美好生活需要,"人民生活显著改善,对美好生活的

---

① 习近平.高举中国特色社会主义伟大旗帜 为全面建设社会主义现代化国家而团结奋斗[N].人民日报,2022-10-26.

向往更加强烈,人民群众的需要呈现多样化多层次多方面的特点,期盼有更好的教育、更稳定的工作、更满意的收入、更可靠的社会保障、更高水平的医疗卫生服务、更舒适的居住条件、更优美的环境、更丰富的精神文化生活"[①]。因此,在夯实人民幸福生活的物质条件同时,还要发展并弘扬社会主义先进文化,传承并发扬中华优秀传统文化,促进物的全面丰富和人的全面发展。

二、用动态性思维把握长远与当前的关系

动态性思维强调系统不断处于动态变化的过程,注重在思维过程中与外界客观环境和外界事物的信息沟通和交流,并随着环境和条件的变化,不断修正改变思维程序和思维方向。共同富裕的实现要求全面性、全体性和全方位性,推进共同富裕的实现本身也是一个复杂的过程,不是一蹴而就的,需要经过不断努力不断改革和调整,在实践中不断总结经验,把握好长远与当前的关系,立足当前,脚踏实地,同时也要做好谋划,加强顶层设计,面向未来,制订科学可行的行动计划,扎实推进共同富裕的实现。

一方面,理解共同富裕的理论创新与实践探索的关系。如前文所述,马克思、恩格斯等经典作家的相关理论论述中蕴含了丰富的共同富裕思想,在此之后,列宁和斯大林不仅将共同富裕理论进一步发展,而且在苏联社会主义经济建设中积累了丰富的实践经验。与此同时,在中国共产党的领导下,中国人民群众在不同的历史时期对共同富裕的理论与实践也贡献了中国力量、中国智慧和中国方案。概括来说,《中国共产党第一个纲领》是中国共产党建党后第一份体现共同富裕的文件,强调消灭社会阶级区分和资本家私有制是实现共同富裕的历史前提。在土地革命时期,毛泽东等共产党人领导军民"打土豪,分田地"成为中国共产党在革命年代探索共同富裕的早期实践。到了新中国成立初期,通过社会主义改造所建立起来的社会主义公有制,为中国实现共同富裕奠定了制度根基。改革开放以来,先后以邓小平、江泽民和胡锦涛为核心的历代中国共产党集体带领全国人民,在推进中国特色社会主义理论与实践中,为实现共同富裕筑牢强大的物质经济基础和有力的制度保障。新时代以来,以习近平同志为核心的党领导集体在实现"第一个百年奋斗目标"的基础上,进一步创新发展了共同富裕理论,在实践中扎实推动共同富裕的

---

① 习近平.习近平谈治国理政(第2卷)[M].北京:外文出版社,2017:61.

具体实现。

另一方面,把握实现共同富裕的总体目标与阶段目标的关系。共同富裕是社会主义本质的基本内容之一,"解放生产力,发展生产力,消灭剥削,消除两极分化,最终达到共同富裕"[1]。这要求我们当前阶段既要把握新一轮科技革命与产业变革,推进当代中国社会经济的高质量发展,也要坚持完善新时代中国特色社会主义基本经济制度,为实现共同富裕的总体目标提供强有力的物质技术基础和制度保障。与此同时,尽管改革开放四十多年来我国在实现共同富裕的总体目标上取得了众多实质性成就,但是当前我国城乡区域和收入分配差距仍然较大。正如习近平总书记强调的,"共同富裕是一个长远目标,需要一个过程,不可能一蹴而就,对其长期性、艰巨性、复杂性要有充分估计,办好这件事,等不得,也急不得"[2]。因此,我们需要在把握实现共同富裕的总体目标的基础上,坚持循序渐进原则,必须脚踏实地、久久为功,有条件、分阶段促进共同富裕。为此,党的二十大明确指出,未来五年的主要目标任务是实现"居民收入增长和经济增长基本同步,劳动报酬提高与劳动生产率提高基本同步,基本公共服务均等化水平明显提升,多层次社会保障体系更加健全",其最终要实现的总体目标是"人民生活更加幸福美好,居民人均可支配收入再上新台阶,中等收入群体比重明显提高,基本公共服务实现均等化,农村基本具备现代生活条件,社会保持长期稳定,人的全面发展、全体人民共同富裕取得更为明显的实质性进展"[3]。

三、用复杂性思维把握一般与特殊的关系

复杂性思维强调系统内部诸多特殊情况,探寻不同复杂系统内部共有的规律性的思维过程,注重在一般性中分析特殊性,在特殊性中寻找一般性。共同富裕不是整齐划一的同步富裕,而是在承认个体差异的基础上,激发个体活力,完善个体之间平衡机制,实现全体成员的富裕。因此,推进共同富裕的实现要允许存在有先有后、有高有低,实现富裕的方式和渠道多种多样,共同富裕的实现要遵循中国发展模式、体现中国特色、适应中国国情。在扎实推进共同富裕的过程中,要善于运

---

[1] 邓小平文选(第 3 卷)[M].北京:人民出版社,1993:373.
[2] 习近平.扎实推进共同富裕[J].求是,2021(20):6.
[3] 习近平.高举中国特色社会主义伟大旗帜 为全面建设社会主义现代化国家而团结奋斗[N].人民日报,2022-10-26.

用复杂性思维把握和处理好一般性与特殊性之间的关系。

一方面，共同富裕是存在一定差别的富裕。当代中国的特殊国情决定了中国所要实现的共同富裕，既有共产主义的一般特征，也有与当代中国相适应的特殊性。当前中国仍然是世界上人口超大规模的发展中国家，拥有极为复杂的国情，同时仍然并长期处于社会主义初级阶段。而这个阶段是建立在半殖民地半封建社会而非高度发达资本主义社会基础上的社会主义阶段，因而不仅生产力和生产关系发展存在发展不平衡不充分的问题，不同地区和群体的人民对物质文化的需要也有所差别。习近平总书记指出："不是所有人都同时富裕，也不是所有地区同时达到一个富裕水准，不同人群不仅实现富裕的程度有高有低，时间上也会有先有后，不同地区富裕程度还会存在一定差异，不可能齐头并进。"[①]总之，我们不能把共同富裕简单理解为整齐划一的同等富裕和同步富裕，而是存在一定差异的富裕。因此，现阶段，不仅要通过高质量发展，不断夯实新时代共同富裕的物质基础，而且要推动城乡、区域和群体等层面的收入分配差距控制在合理范围内，实现共同富裕的协调发展。

另一方面，共同富裕是具有中国特色的富裕。从本质内涵来看，中国特色的共同富裕强调全民和全面的富裕。虽然资本主义社会创造了比以往人类社会生产的财富总和还要多的社会财富，但是这种致富方式是建立在私有制和雇佣劳动的前提下的，因此绝大多数社会财富被资本家无偿占有，而广大劳动者仅获得满足基本生活需要的劳动报酬，并且在财富积累的作用下最终导致贫富两极分化。相反，当前中国的致富方式是实现全体人民的共同富裕，一切发展为了人民，将现代化建设的一切成果更多更公平惠及全体人民，同时，不仅最大限度实现人民群众对美好生活的向往，而且将实现社会、文化、环境等条件充分涌流，促进人的全面自由发展。同时，从实现形式来看，中国特色的共同富裕强调渐进和共建的富裕。当前中国要实现的共同富裕，不同于过去计划经济时代的平均主义和"大锅饭"，更不是"劫富济贫"，而是充分考虑不同地区的生产力水平，逐渐由低级向高级、由不均衡到均衡的渐进式发展过程。与此同时，中国特色的共同富裕也不是"等靠要"或"躺平"，而是由全体人民积极参与建设，在全体劳动者勤劳奋斗中实现的，从而避免了西方的福利陷阱和公共财政困境。

---

① 习近平.扎实推进共同富裕[J].求是,2021(20):8.

第八章

完善分配制度推动实现共同富裕

党的二十大指出,"分配制度是促进共同富裕的基础性制度"[1]。收入分配直接影响人们的收入水平和收入差距,也是经济社会发展的重要环节。合理分配结构和分配关系不仅是增进经济社会可持续发展的必要条件,也是维持社会公平、推动共同富裕的主要体现。改革开放以来,我国逐步建立了按劳分配为主体、多种分配方式并存的分配制度。实践证明,这一制度安排不仅充分调动了各方面的积极性,而且促进了效率与公平的有机统一。当前,立足于以中国式现代化全面推进强国建设、民族复兴伟业的关键时期,进一步完善分配制度,坚持按劳分配原则,完善按要素分配政策制度,加快构建初次分配、再分配和第三次分配协调配套的制度体系,为实现全体人民共同富裕取得更为明显的实质性进展奠定坚实基础。

第一节 坚持按劳分配原则

按劳分配是社会主义的基本特征和分配原则,也是扎实推动共同富裕的关键机制。新发展阶段坚持按劳分配原则,既要科学认识按劳分配的核心要义,把握按劳分配在当代中国发展的历史特征,还要在实践中不断发展壮大按劳分配的所有制基础,通过促进高质量发展来提高劳动收入质量水平,以及实现劳动报酬与劳动

---

[1] 习近平.高举中国特色社会主义伟大旗帜 为全面建设社会主义现代化国家而团结奋斗[N].人民日报,2022—10—26.

生产率提高同步。

一、按劳分配是社会主义的分配原则

按劳分配是马克思对共产主义第一阶段(即社会主义社会阶段)分配原则的理论概括。在马克思的设想中,尽管这一阶段在全社会建立了生产资料公有制,消除了商品货币关系和市场机制,但是生产力还没有实现高度发展,社会产品也没有达到非常丰裕的程度,因此在经济、道德和精神等方面遗留了旧社会痕迹,比如旧的社会分工,劳动仍是人类的谋生手段。在这样的历史条件下,"每一个生产者,在作了各项扣除以后,从社会领回的,正好是他给予社会的。他给予社会的,就是他个人的劳动量……他以一种形式给予社会的劳动量,又以另一种形式领回来"[①]。总之,按劳分配是指在生产资料公有制条件下,社会将劳动者创造的社会总产品做出各项必要扣除后,剩余部分作为个人消费品按劳动者向社会提供的劳动贡献(质量和数量)进行分配。

按劳分配作为社会主义的分配原则,本身也体现了社会主义的生产关系和社会主义阶段劳动的本质特征,从而为消灭剥削、消除两极分化,实现共同富裕创造了有利条件。一方面,按劳分配是对生产资料公有制的进一步反映,要求在生产资料归全体社会成员的前提下,通过联合劳动来支配生产资料和社会产品。"他们用公共的生产资料进行劳动,并且自觉地把他们许多个人劳动力当作一个社会劳动力来使用",他们创造的社会产品"一部分重新用做生产资料……另一部分则作为生产资料由联合体成员消费"[②]。因此,按劳分配与公有制一样,都是对生产资料私有制及其雇佣劳动制的剥削关系的根本否定。另一方面,按劳分配只承认劳动能力和贡献是影响收入分配差距的唯一根据。"除了自己的劳动,谁都不能提供其他任何东西,另一方面,除了个人的消费资料,没有任何东西可以转为个人的财产。"[③]因此,这种分配原则从根本上否认了私人资本无偿占有他人劳动产品的可能性,从而也根除了资本积累带来贫富两极分化的历史问题。

然而,无论是生产力还是生产关系状况,中国的社会主义初级阶段与马克思设想的共产主义第一阶段仍然存在很大差距,这决定了按劳分配原则在当代中国的

---

① 马克思恩格斯文集(第3卷)[M].北京:人民出版社,2009:434.
② 马克思恩格斯文集(第5卷)[M].北京:人民出版社,2009:96.
③ 马克思恩格斯文集(第3卷)[M].北京:人民出版社,2009:434.

发展过程必须结合中国社会主义经济建设的具体实际①,从而动态地推动共同富裕的实现。新中国成立初期,单一按劳分配制度适应了单一的社会主义公有制、计划经济体制以及重工业优先发展战略的发展,因而在推动社会主义经济建设、稳定社会秩序和缩小收入分配差距等方面发挥了重要的历史作用,而这些作用也为共同富裕的长远发展打下了扎实基础。改革开放之后,为了激发劳动人民的生产积极性,解放和发展生产力,进而夯实共同富裕的物质基础,我国开启一系列经济体制改革,不仅重新恢复按劳分配,而且逐渐建立了按劳分配为主体、多种分配方式并存的基本分配制度。尽管在创造大量社会财富的同时也出现了收入分配差距扩大和分配不公问题,但是始终坚持按劳分配为主的基本分配制度,使得我国迄今未造成过贫富两极分化问题。进入新时代以来,按劳分配为主的基本分配制度不仅上升为社会主义基本经济制度的范畴,而且将其作为促进共同富裕的基础性制度,从而为共同富裕的具体实现奠定更为扎实的制度基础。

综上来看,按劳分配作为社会主义性质的劳动激励机制和分配原则,不仅在解放和发展生产力中为共同富裕打下了扎实的物质基础,而且在消灭剥削、消除两极分化中为共同富裕奠定了根本的制度保障。

二、不断发展壮大按劳分配的所有制基础

按劳分配是以生产资料公有制为前提条件的,它不仅反映社会主义的本质要求,而且是公有制关系在分配环节的进一步实现。因此,坚持按劳分配原则必须坚持完善生产资料公有制,"大力发挥公有制经济在促进共同富裕中的重要作用"②。在社会主义市场经济条件下,公有制经济包括国有经济、集体经济以及混合所有制经济的国有成分和集体成分等多种形式。因此,当前大力发展公有制经济应当围绕国有经济、集体经济和混合所有制经济这三大方面来推进。

第一,充分发挥国有经济的主导作用。国有经济作为公有制经济最为重要的组成部分,是由国家代表全体人民从事生产经营,因此其主导作用不仅体现在多种所有制经济中具有支配地位,而且在关系国家安全、国计民生以及国民经济命脉的

---

① 魏众,王琼.按劳分配原则中国化的探索历程——经济思想史视角的分析[J].经济研究,2016(11):69.

② 习近平.扎实推进共同富裕[J].求是,2021(20):6.

重要行业和关键领域中具有绝对的控制力,因而是坚持和巩固公有制为主体和按劳分配为主体的关键所在。当前阶段,国有企业和国有资本是充分发挥国有经济主导作用的关键。为此,既要坚持不断提高国有经济综合实力、确保国有资产保值增值、放大国有资本经济社会功能的基本原则,还要持续深化国有企业和国有资产监管体制改革,不断完善企业的治理结构和经营制度,促进国有资本布局结构的优化调整。

第二,创新农村集体经济发展模式。无论是城镇集体经济还是农村集体经济,都是部分劳动者集体共同占有一定生产资料,共同劳动和分配的经济组织形式。当前阶段,创新农村集体经济发展模式,不仅有利于发展壮大新型农村集体经济,而且是加快推进城乡融合发展和乡村振兴战略的内在要求。一方面,在坚持完善家庭承包经营为主的农村基本经营制度基础上,创新探索农村农业用地、经营性用地和宅基地等土地类型的"三权分置"模式,促进土地资源的合理配置,实现生产效率最优化和经济效益最大化。另一方面,创新发展多种新型农村合作组织形式,比如,将当前主流的"党领办合作社"发展模式在全国各地农村积极推广,进一步提高农村合作社的生产经营效率与效益。

第三,推动混合所有制经济发展。混合所有制经济虽然不是一个独立的所有制形式,但是当前我国基本经济制度的重要实现形式,因此发展混合所有制经济,可以在做强做优做大国有企业国有资本的同时,不断完善和巩固公有制为主的基本经济制度。为此,要在建立健全现代产权制度和股份制度的基础上,进一步深化国有企业分类分层改革,针对企业的性质和类别采取不同的控股方式,不断增强国有经济的竞争力、创新力、控制力、影响力和抗风险能力。同时,不断深化混合所有制经济改革,优化国有企业和国有资本结构,促进国有股权多元化,从而增强国有企业经济效益,巩固和发展按劳分配的所有制基础。

三、促进高质量就业提高劳动收入水平

就业是最基本的民生,事关人民群众的切身利益、经济社会的健康发展以及国家的长治久安。因此,持续促进高质量就业,对于共同富裕战略目标的具体实现具有重大意义。首先,就业是从事物质生产劳动的重要条件,按劳分配的实现本质上

要取决于可供分配产品的数量和质量[①],高质量就业有利于不断夯实按劳分配的物质前提条件。其次,近年来我国面临各种内外部因素的冲击,高质量就业可以在保证就业质量稳步提高中让更多劳动者获得稳定、可预期的收入。同时,我国也为广大农民群体提供更为充分更高质量的就业岗位及其保障举措,使农村居民收入增速持续高于城镇居民收入,不断缩小城乡经济发展和收入分配差距。最后,就业不仅是获取收入的主要手段,而且是实现人生价值、打破阶层固化、实现社会地位提升的重要途径。总而言之,更加充分、更高质量的就业,可以在促进广大劳动者实现体面劳动和全面自由发展中,不断增强劳动者的获得感、幸福感和安全感。

目前我国高质量就业还存在一些短板,如失业人数总量较大,流动人口就业不充分、工作岗位不稳定,以及就业歧视等问题仍然突出。对此,党的二十大报告强调,要"强化就业优先政策,健全就业促进机制,促进高质量充分就业"[②]。为此,要从以下方面来实现高质量就业,从而为扎实推动共同富裕创造有利条件。

第一,贯彻落实新发展理念,不断提高发展的就业带动力。根据经济社会发展新趋势和人民群众高品质生活新期待,大力发展新业态、新模式,积极挖掘、培育新的职业序列,开发新的就业增长点,创造更多的就业岗位和工作机会。同时,强化重大政策、重大项目、重大生产力布局对就业影响的评估,推动财政、货币、投资、消费、产业、区域等政策与就业政策协调联动,构建就业友好型发展方式。

第二,加快塑造现代化人力资源,着力破解结构性就业矛盾。积极主动适应新一轮科技革命和产业变革,科学研判人力资源发展趋势,统筹教育、培训和就业,动态调整高等教育专业和资源结构布局,大力发展职业教育,健全终身职业技能培训制度。同时,完善就业供需对接机制,力求做到人岗相适、用人所长、人尽其才,提升就业质量和稳定性。

第三,完善重点就业群体的支持体系,加大对就业困难群众的扶持力度。一是鼓励高校毕业生青年投身重点领域、重点行业、城乡基层和中小微企业就业创业,不断拓宽市场化和社会化的就业渠道,开发有利于发挥大学生群体所学所长的就业岗位。二是结合推进新型城镇化和乡村全面振兴,坚持外出就业和就地就近就业并重,多措并举促进农民工就业,引导外出人才返乡、城市人才下乡创业。三是针对退役军人需求和特点,加强就业培训、畅通就业信息、拓宽就业渠道、完善就业

---

① 马克思恩格斯文集(第 10 卷)[M].北京:人民出版社,2009:439.
② 习近平.高举中国特色社会主义伟大旗帜 为全面建设社会主义现代化国家而团结奋斗[N].人民日报,2022-10-26.

政策,促进退役军人高质量就业。此外,还要加大对大龄、残疾、失业等困难就业群体的扶持力度,统筹和提供更多的公益性岗位。

第四,要深化就业体制机制改革,保障广大劳动者合法权益。完善就业公共服务制度,健全统一规范的劳动力市场体系,不断营造公平就业环境,使人人都能通过勤劳创新致富来实现自我价值。同时,健全劳动法律法规,完善社会保障体系,维护劳动者合法权益。既要加强新就业形态劳动者权益保障机制,也要加强市场监管和劳动保障监察执法,有效治理就业歧视、欠薪欠保、违法裁员等乱象。

四、实现劳动报酬与劳动生产率提高同步

劳动报酬是劳动者获得工资收入、务农收入和个体经营收入等收入的总称,而劳动生产率即劳动生产力,则是单位劳动时间与其创造价值量的比率。

虽然劳动报酬与劳动生产率没有绝对的因果关系,但是可以在坚持按劳分配原则中促进两者的协调发展。一般而言,提高劳动生产率可以创造更为丰富的社会财富,并通过按劳分配原则进一步增加劳动者的劳动报酬。反过来,在其他条件不变的情况下,提高劳动者的劳动报酬有利于激发劳动者的各方面积极性,从而提高劳动生产率。更进一步来看,由于劳动生产率与劳动报酬分别反映了经济增长与收入分配的问题,因此在共同富裕目标下两者的同步提高还有利于促进经济增长与收入分配的有机统一。一方面,经济的持续增长为合理的分配结构提供扎实的物质基础,只有不断做强做大"蛋糕"才能更好地分好切好"蛋糕";另一方面,合理的分配结构为经济的持续增长提供内生动力,因为改善居民收入水平和生活质量有利于扩大内需,进而刺激消费和投资,创造更为丰富的社会财富。可以发现,实现劳动报酬增长与劳动生产率提高同步不仅有利于坚持按劳分配原则,而且是实现共同富裕的内在要求。

在实践上,早在党的十七届五中全会就明确提出劳动报酬增长与劳动生产率提高同步的相关表述,主要用于改善国民收入分配格局,缩小收入分配差距。新时代以来,党和国家进一步将其作为完善分配制度,实现共同富裕的重要目标。党的十八届三中全会、党的十九大报告都强调指出,实现发展成果由人民共享,必须深化收入分配制度改革,努力实现劳动报酬增长与劳动生产率提高同步。经过近十年来的收入分配制度改革,我国在实现劳动报酬增长与劳动生产率提高同步的目标上取得了新成效,仅2012至2022年间不仅实现了基本同步提升,而且劳动报酬增长还略快于劳动生产率增长。[①] 然而,由于我国城乡区域等发展不充分不平衡问题仍然突出,因此劳动生产率和劳动报酬的同步提高依然有改进空间。需要在新发展阶段,坚持按劳分配原则和实现共同富裕的战略目标,努力实现劳动报酬增长与劳动生产率提高同步。

总体来看,可以从两大方面来推进:一方面,要贯彻落实党的十八大以来实现劳动报酬增长与劳动生产率提高同步的目标的基本政策和基本经验。一是贯彻落实以人民为中心的发展思想和共享发展理念,在协调经济发展与收入分配关系中,仍然要在发展中保障和改善民生,将现代化发展的成果更多更公平惠及全体人民;二是在构建初次分配、再分配和第三次分配协调配套的制度体系中,不断促进公平与效率的有机统一;三是全面深化国家机关和企事业单位工资制度改革,完善企业工资集体协商制度,保护劳动所得,不断构建新时代和谐劳动关系。另一方面,要深化认识实现劳动报酬增长与劳动生产率提高同步的目标的新问题和新特点。有研究指出,在平衡市场化程度和最低工资标准的条件下,可以提高劳动生产率与劳动报酬的同步性。因此,在深化市场化改革的同时,还要完善劳动保护机制,使两者形成"合力",共同推动劳动生产率提高和劳动报酬增长的同步程度。[②]

第二节　完善按要素分配政策制度

按要素分配是市场经济的分配原则,也是我国社会主义初级阶段实现共同富裕的必经之路。完善按要素分配政策制度,同样要科学认识按要素分配的理论内涵,深刻把握具有中国特色的按要素分配原则的发展进程。此外,在实践中,要健全要素市场运行机制,多种渠道增加城乡居民要素收入,并且加快构建体现创新要素价值的收益分配机制。

一、按要素分配是市场经济的分配原则

按要素分配也称按生产要素分配。与按劳分配不同的是,按要素分配必须建

[①] 刘军.2023年中国薪酬发展报告[M].北京:中国社会科学文献出版社,2023:9.
[②] 韩雷,等.共同富裕目标下劳动生产率与劳动报酬同步提高的实现——市场化改革抑或劳动保护?[J].财经研究,2023(1):4.

立在生产资料私有制的前提下,不仅要承认商品货币关系、价值规律和市场机制,而且要承认劳动力、土地和资本等生产要素在参与财富创造中的不同贡献。当然,随着生产力和社会历史的发展,生产要素日趋复杂化,除了传统三要素之外,还出现了企业家才能、科学技术、经营管理、服务、知识、信息和数据等多种要素形式,从而成为现代市场经济中创造社会财富的重要力量。

作为市场经济的一般原则,按要素分配的实现过程,实际上是生产要素所有者凭借其对要素所有权参与分配的过程,而生产要素的报酬形式及其多少则是生产要素所有权的实现形式。[1] 一方面,按要素分配本质上是按生产要素所有权参与收入分配。尽管各生产要素在创造财富中做出了不同贡献,但是本身不会凭借"贡献"自动获取相应报酬,相反,对这些生产要素的占有者可以凭借其要素所有权要求参与收入分配。此外,市场经济也是一种契约经济,要求市场交易主体之间互相承认对方的要素产权,才能将生产要素、商品和服务的产权让渡给对方,从而实现等价交换,因此不同要素所有者遵循产权规则,凭借其要素所有权获得诸如工资、地租、利润和利息等收入。另一方面,生产要素所有者获得不同要素收入,其数量多少主要取决于市场机制。在市场经济条件下,所有的要素资源都要通过市场机制来实现合理配置,并且受到市场经济的供求、竞争与货币等因素的影响,因此,要素所有者获得的要素收入最终由各要素市场的价格大小来确定。

由上述可知,按要素分配也是当前阶段实现共同富裕的重要分配原则。由于按要素分配承认了不同要素在参与价值创造与实现中的各自贡献,因此可以形成高质量发展的有效激励机制,充分调动各生产要素所有者的积极性、主动性和创造性,不仅让一切生产要素的活力竞相迸发,而且使得一切创造社会财富的源泉充分涌流。此外,按要素分配是与市场经济相适应的分配原则,因此通过市场机制,可以提高要素资源的配置效率,实现要素收益的最大化,进而提高广大人民群众的要素收入水平。

从历史来看,按要素分配政策制度也经历了从无到有、从有到多的过程,进而推动共同富裕的具体实现。在传统的计划经济体制下,单一的公有制度根除了按要素分配的前提条件即生产资料私有制,而包括社会总产品和社会总劳动在内的所有生产要素由国家集中统一调配,因此不存在按要素分配的问题。到了改革开放特别是正式建立社会主义市场经济体制之后,在重新承认劳动力、土地、资本等

---

[1] 张宇.中国特色社会主义政治经济学[M].北京:中国人民大学出版社,2016:187.

生产要素合法性的过程中,逐步确立了按要素分配原则。为此,党的十五大第一次明确指出,把按劳分配和按要素分配结合起来……允许和鼓励资本、技术等生产要素参与分配。党的十六大再次指出,确立劳动、资本、技术和管理等生产要素按贡献参与分配的原则。党的十七大报告强调,健全劳动、资本、技术、管理等生产要素按贡献参与分配的制度。新时代以来,在一系列深化经济体制改革中完善了按要素分配原则。为此,十九届四中全会提出,健全劳动、资本、土地、知识、技术、管理、数据等生产要素由市场评价贡献、按贡献决定报酬的机制,进一步明确了按要素分配的实现范围和机制。

总而言之,按要素分配作为当前我国社会主义市场经济条件下的重要分配原则,对于共同富裕的具体实现发挥了不可或缺的推动作用。

二、健全要素市场运行机制

在当前加快构建高水平社会主义市场经济体制的时代背景下,完善按要素分配政策制度,不仅要健全各生产要素由市场评价贡献、按贡献决定报酬的机制,而且要加快要素市场化改革,"健全要素市场运行机制,完善要素交易规则和服务体系"[①]。

推进要素市场化改革,健全要素市场运行机制,对于当前完善按要素分配政策制度,扎实推动共同富裕具有重要意义。概括来看,一是将"有效市场"和"有为政府"有机结合起来,保障不同经营主体平等获取生产要素,激发各类经营主体活力;二是使生产要素从低质低效领域流向优质高效领域,扩大优质增量供给,不断推动要素配置实现效率最优化和效益最大化;三是将各类生产要素全面融入价值创造中,着力推进实体经济、科技创新、现代金融和人力资源等协同发展的产业体系,助力经济高质量发展。

新时代以来,党和国家高度重视要素市场化改革工作,对构建更加完善的要素市场化配置体制机制做出总体部署,不断为按要素分配原则的实现提供有利的制度条件。同时,国务院先后颁布的《关于构建更加完善的要素市场化配置体制机制的意见》《关于新时代加快完善社会主义市场经济体制的意见》和《关于加快建设全

---

① 中共中央宣传部,国家发展和改革委员会.习近平经济思想学习纲要[M].北京:人民出版社、学习出版社,2022:76.

国统一大市场的意见》等重要文件进一步明确了不同领域要素市场化改革的目标方向与任务举措。近年来,要素市场化改革取得显著成效。比如,土地要素供应方式不断丰富,劳动力户籍制度改革、人才流动与评价机制加快健全,资本要素基础制度改革顺利实施,技术要素市场建设与成果转化有力推进,数据要素政策立法与标准制度取得重要进展,资源环境市场制度体系稳步健全,要素价格、交易、监管等治理机制持续完善,传统要素配置方式不断创新,新型要素加快向现实生产力转化,等等。

但是,也应当看到,当前要素市场化改革还存在一些问题。比如,要素市场制度和规则仍不健全,市场决定要素配置作用发挥不够,要素市场政府调节和监管制度有待完善,要素分配政策制度不健全,新业态新领域发展对要素市场制度和规则提出新的要求。为此,进一步健全要素市场运行机制可以从以下三个方面来推进:一是加快要素市场制度建设,不断破除阻碍要素自由流动的体制机制障碍,畅通要素流动渠道,丰富要素供应方式。比如,加快构建城乡统一的建设用地市场,畅通劳动力和人才社会性流动渠道,完善促进资本市场规范发展的基础制度,加快培育全国一体化技术和数据市场,加强用海、用能、用水等资源环境市场制度建设。二是加快要素市场规则建设,完善主要由市场供求关系决定要素价格机制,加强要素价格管理和监督,防止政府对价格形成的不当干预。同时,健全生产要素由市场评价贡献、按贡献决定报酬的机制,积极探索新型生产要素配置方式,推进形成与新质生产力相适应的要素贡献参与分配机制。三是深化要素市场化配置改革试点,鼓励基层大胆探索、先行先试,统筹推进各要素领域改革,增强要素配置的灵活性、协同性和适应性。

三、多种渠道增加城乡居民要素收入

如前所述,当前时代的生产要素复杂多样,先后出现了劳动力、土地、资本、管理、技术、知识和数据等要素形式。同时,这些要素通过按要素分配原则,不仅通过拓宽城乡居民的增收渠道,进而提高人民群众的收入水平和生活质量,而且有利于扩大内需,释放消费和投资,进而推动高质量发展。因此,多种渠道增加城乡居民要素收入,不仅是完善按要素分配政策制度的必然要求,对于缩小我国城乡发展和收入分配差距,助力共同富裕也具有重要的现实意义。为此,可以从以下三个方面来增加城乡居民要素收入:

第一,稳步提高城乡居民的劳动报酬。劳动报酬是当前我国城乡居民劳动力要素收入的总称。从性质来看,提高劳动报酬是社会主义市场经济条件下坚持按劳分配为主体、多种分配方式并存的分配制度的重要实现途径,也是城乡居民收入结构中的主要成分。从内容来看,由于城乡发展和分配存在较大差别,因此城乡居民获得的劳动报酬也有所差异,前者主要是工资性收入,后者则同时包括农业经营性收入和务工工资性收入。因此,为了稳步提高城乡居民的劳动报酬,除了在宏观上要求促进高质量就业,实现劳动报酬与劳动生产率同步提高之外,还要在微观上重点关注农村居民的劳动收入问题:一是创新发展农村新型集体经济的经营模式,通过诸如专业大户、家庭农场、农民合作社等形式,让农民获得更多来自集约化、规模化和产业化经营带来的经济收益;二是完善农民工群体的工资决定、合理增长和支付保障机制,保护农民工群体的合法权益,防止工资拖欠问题的频繁发生。

第二,完善城镇居民要素收入的增收渠道。随着城镇化的快速发展,当前我国城镇常住人口约9.33亿人,占全国总人口比重为66.16%[①],因此成为创造社会财富并参与收入分配的主要群体。但是,我国城镇居民的财产性收入占比仍然较低,主要由房屋租金、利息和股息等构成,因此进一步完善城镇居民要素收入的增收渠道需要从两个方面来落实:一方面,促进资本市场稳定健康发展,创新基金产品形式,探索网络交易模式,让居民在金融理财方面的选择更为灵活多样;同时,既要完善上市公司投资者分红激励机制,也要加强上市公司分红的监管工作,保护投资者特别是中小投资者合法权益。另一方面,促进房地产市场持续健康发展,同时完善房屋租赁、收藏品投资、房地产等市场体系,依法保障居民不动产权及其抵押、转让、出售和出租等权利,保障形成可交易的流动资产。

第三,拓宽农村居民要素收入的增收渠道。当前阶段,我国城乡发展和分配差距仍然较大,而且中低收入群体也广泛分布在农村地区。党的二十大也强调,全面建设社会主义现代化国家,最艰巨最繁重的任务仍然在农村。因此,如何通过多种渠道增加农村居民的要素收入,仍然是当前实现共同富裕的一项紧迫任务。首先,积极探索农村合作社制度,赋予农民对集体资产股份的占有、转让、抵押、担保和继承等多种权能;其次,深化改革农村宅基地制度,稳步推进农民住房财产权抵押、担保和转让,不断拓宽农村居民的增收渠道;最后,探索部分农村集体经营性建设用

[①] 国家统计局.中华人民共和国2023年国民经济和社会发展统计公报[EB/OL].(2024-02-29)[2024-10-06].https://www.stats.gov.cn/sj/zxfb/202402/t20240228_1947915.html.

地的出让、租赁和入股等方式,有效提高农民的土地增值收益。

四、构建充分体现创新要素价值的收益分配机制

作为当前加快完善按要素分配政策制度的重要内容,构建充分体现创新要素价值的收益分配机制也是推动共同富裕战略目标的关键抉择。生产要素参与分配的前提是能够形成生产力并创造社会财富。相较于劳动力、资本和土地等传统要素,技术、管理和知识是人类通过经验总结、科学研究和产业变革等方式衍生出来的创新型生产要素。随着时代的发展,特别是在新一轮信息技术革命与产业变革中,数据也逐渐成为影响当前全球经济社会发展并创造更大价值的新型生产要素。总体来看,为了充分体现技术、管理、知识和数据要素的价值,构建充分体现创新要素价值的收益分配机制需要围绕技术、管理、知识和数据要素这四大要素来展开。

一是构建技术要素参与分配机制。在完善绩效工资制度的基础上,针对科研人员的技术贡献、岗位类别和经济社会效益等指标,积极探索利润提成、协议薪酬、专项奖励等分配方式及其组合形式。同时,创新发展科技人员的技术入股方式,引导科技人员凭借科技成果的不同权能,从公司制高新技术企业中获取一定的技术股权分红和期权红利。

二是构建管理要素参与分配机制。完善企业负责人年薪制,根据生产效率、经营业绩和经济效益等指标来确定年薪,同时将年薪制的实施范围从高层管理者扩大到业绩突出的中、基层管理者,形成广泛的劳动激励机制。此外,健全企业员工的中长期激励方式,通过股权激励、超额利润分享、项目分红或岗位分红等多种形式,保证企业不同层次管理者群体的积极性和稳定性。

三是构建知识要素参与分配机制。完善以增加知识价值为导向的基本薪酬制度,既要以知识价值为基准,切实提高基本工资水平,又要以知识自我增值为导向,形成绩效工资的正常增长机制。同时,鼓励、支持和引导科研人员拓宽其增收渠道,通过决策咨询、教育扶贫和科学普及等活动,全面增加知识型要素收入。

四是构建数据要素参与分配机制。推动数据要素收益向数据价值和使用价值的创造者合理倾斜,确保在开发挖掘数据价值各环节的投入实现合理的回报。同时,通过分红、提成等多种收益共享方式,协调数据内容的采集、加工、流通、应用等不同环节及其利益相关主体之间的利益分配。

此外,还要不断完善创新要素参与收入分配的配套机制。首先,完善要素产权

保护的制度规则,为知识、技术、数据等要素保值增值、参与分配提供制度保障。其次,健全全国统一的要素市场,既要大力培育统一的科技人才、知识产权和职业经理人等不同要素市场体系,又要清理妨碍统一市场的不利因素,促进创新要素有序流动。最后,推进个人所得税改革,针对不同创新要素收入群体,实行差别化的税收制度,例如,对于以技术、管理要素投资入股的中、低收入创新要素主体,可通过优化个人所得税制度来提高其收入水平,而对于超高收入创新要素主体,则要加大对股票、非政府债券收益的税收调节力度,遏制收入两极分化,促进共同富裕。

第三节 构建三次分配协调配套制度体系

三次分配协调配套制度体系是新发展阶段不断完善分配制度以促进共同富裕的重要内容,有利于将公平与效率有机统一起来,充分发挥社会主义制度的优越性,从而推动经济高质量发展。为了进一步实现共同富裕,公平与效率的有机统一关系要贯穿于三次分配中,既要发挥好初次分配的基础性作用,也要履行好政府的再分配调节职能,还要更加重视发挥第三次分配的作用。

一、实现公平和效率的有机统一

公平与效率的关系问题是经济学领域的经典命题。在社会主义市场经济条件下,公平与效率不仅反映了社会主义社会的基本特征,而且具有市场经济的一般特性。综合来看,公平的含义具有以下几点:一是从起点来看体现在产权关系上,不仅生产资料归属全体人民所有,而且人民群众可以拥有部分的生产要素;二是从过程来看体现在产品交换上,不仅体现在公有制经济范围内的等量劳动等量交换,而且反映在市场经济中的等价交换;三是从结果来看体现在收入分配上,不仅实现了按劳分配和按要素分配这两大分配原则的有机结合,而且要求收入分配差距控制在合理范围内。而效率的含义同样广泛,就经济领域而言主要涉及社会生产力的发展、劳动生产率的提高,以及生产要素的配置效率和经济效益等内容。

在社会主义市场经济条件下公平与效率呈现错综复杂的关系,但是总体来看两者仍然可以实现有机统一,并且将其贯穿于社会主义基本经济制度中,进而推动共同富裕的实现。首先,公有制为主的所有制度适应了社会化大生产的生产关系,极大解放和发展了社会生产力,同时还消除了造成贫富两极分化的私有制根基,从而为共同富裕的发展创造了历史前提。其次,社会主义市场经济体制将"有效市场"与"有为政府"结合起来,不仅有利于提高要素资源的配置效率和经济效益,而且将市场失灵控制在合理范围内,避免出现收入分配差距过大。最后,按劳分配为主的分配制度有利于形成有效的激励约束机制,激发人民群众积极参与到社会主义经济建设中,并且通过稳步改善居民收入水平和生活质量,不断满足人民群众对美好生活的向往。总之,这些基本经济制度既有利于激发各类市场主体活力,进而解放和发展生产力,又能够促进效率与公平的有机统一,从而推动共同富裕。

公平与效率的有机统一关系也经历了动态变化的过程[①],而这种变化实际上与我国基本分配制度的完善和三次分配协调配套制度体系的构建也密切相关。改革开放之后,受到"先富帮后富"发展思想的影响,党的十四届三全中提出,个人收入分配要坚持按劳分配为主体、多种分配方式并存的制度,体现效率优先、兼顾公平的原则。党的十五大重申了这一关系,要求坚持效率优先、兼顾公平,有利于优化资源配置,促进经济发展,保持社会稳定。党的十六大开始更加注重公平问题,要坚持效率优先、兼顾公平,既要反对平均主义,又要防止收入差距过大。初次分配注重效率,发挥市场作用;再分配注重公平,加强政府对收入分配的调节职能。党的十七大进一步强调,把提高效率同促进社会公平结合起来。进入新时代,随着对共同富裕问题的重视,以及以人民为中心的发展思想和共享发展理念的提出,收入分配制度改革更加倾向于公平正义。为此,党的十八大提出,初次分配和再分配都要兼顾效率和公平,再分配更加注重公平。在此之后,党的十九大继续坚持并将这一原则具体化,通过深化一系列收入分配制度及其体制机制改革,不断促进公平与效率的有机统一。党的二十大和二十届三中全会进一步提出"构建初次分配、再分配、第三次分配协调配套的制度体系"[②],为实现公平与效率的有机统一,扎实推动共同富裕提供制度支撑。

二、发挥好初次分配的基础性作用

初次分配是根据土地、资本、劳动、数据等各种生产要素在生产过程中的贡献

---

① 洪银兴.兼顾公平与效率的收入分配制度改革40年[J].经济学动态,2018(4):19-27.
② 高举中国特色社会主义伟大旗帜 为全面建设社会主义现代化国家而团结奋斗[N].人民日报,2022-10-26;中共中央关于进一步全面深化改革、推动中国式现代化的决定[N].人民日报,2024-7-22.

进行分配。市场在资源配置中发挥决定性作用,根据各种生产要素的边际贡献决定的要素价格来进行要素报酬分配,因此初次分配特别注重要素资源的配置效率与经济效益。为了进一步推动实现共同富裕,发挥好初次分配的基础性作用,要在坚持按劳分配原则、完善按要素分配政策制度的基础上,进一步提高居民收入和劳动报酬占比,扩大中等收入群体数量,以及提高发展的平衡性、协调性和包容性。

第一,提高居民收入和劳动报酬比重。近年来,我国居民收入和劳动报酬比重出现了逐步回升的迹象,但是仍然低于国际平均水平,并且与促进经济可持续发展和共同富裕还有一定距离。因此,应继续采取相应措施,不断改善国民收入初次分配格局,缩小贫富差距,从而扎实推动共同富裕。一方面,进一步提高居民收入在国民收入分配中的比重。在加快建设现代化产业体系的同时,出台促进高质量充分就业政策,拓展新就业形态及其工作岗位,帮助灵活就业人员、高校毕业生和农民工等重点群体,以及老弱病残等困难就业群体增收。另一方面,进一步提高劳动报酬在初次分配中的比重。进一步全面深化改革劳动者的工资决定、合理增长和支付保障机制,同时,建立健全调整最低工资标准、治理农民工欠薪问题,以及劳动争议调解仲裁等方面的体制机制。

第二,扩大中等收入群体。扩大中等收入群体是推动高质量发展的内在要求,也是实现共同富裕战略目标的战略重点。尽管当前我国拥有了 4 亿多人口的中等收入群体,约占全国总人口的 30%,但是低收入人群的比重仍然较大。因此,扩大中等收入群体规模及其比重,推动更多低收入人群迈入中等收入行列,首先要锚定中等收入群体的范围和结构。在此基础上,根据不同潜在群体的各自特点与问题,精准施策,比如,对于高校毕业生要提高高等教育质量,对于技术工人要加大技能人才培养力度,对于中小微企业和个体工商户要完善营商和创业环境,对于农民工要深化户籍制度改革,对于基层公务员和国有企事业单位基层职工要提高工资待遇。

第三,提高发展的平衡性、协调性和包容性。共同富裕是建立在生产力高度发展、社会财富极其丰裕的基础上的,因此把推动高质量发展放在首位,有助于不断夯实共同富裕的物质经济基础。当前,我国社会经济发展仍然存在不充分不协调问题,因而在城乡、区域、行业和群体等方面的收入分配差距仍然较大。为此,一要贯彻落实新型城镇化、乡村振兴以及区域协调发展等国家重大发展战略,不断推动城乡融合、农民致富,以及农民工群体的市民化发展。二要深化自然垄断性企业改革,既要营造统一开放、竞争有序的市场环境,又要鼓励、支持和引导相关企业参与生态治理、社会建设和民生保障等事业。三要畅通向上流动通道，促进机会公平，防止社会阶层固化，为人的全面发展创造更加普惠公平的社会经济条件。

三、履行好政府再分配调节职能

再分配是指政府根据法律法规，在初次分配的基础上，通过征收税收和政府非税收入，在各收入主体之间以现金或实物进行的收入再分配过程，以弥补初次分配的不足，因此更加注重分配的公平性。此外，再分配还有两大特点：一是强制性，即政府在再分配中发挥主导作用；二是普惠性，除了转移收入之外，提供教育、卫生等基本公共服务也是再分配的重要内容。在实现共同富裕进程中，履行好政府再分配调节职能，要健全以税收、社会保障、转移支付等为主要手段的再分配调节机制，形成更加合理、更加有序的收入分配结构。

第一，完善税收调节体系。税收是国家财政的主要来源，也是收入分配的调节器。为了扎实推进共同富裕，可以从以下四个方面来完善税收调节的制度体系：一是深化税收制度改革，提高直接税比重，增强税收对收入再分配的调节作用。二是完善综合与分类相结合的个人所得税制度，优化个人所得税的税率结构。三是健全消费环节、财产赠予和数字经济等方面的税收制度，全过程地提高税收在各方面的调节力度和精准性。四是深化税收征管制度改革，健全自然人税费服务与监管体系，提升税收监管水平。

第二，健全社会保障体系。社会保障体系是人民生活的安全网和社会运行的稳定器，也是提高基本公共服务均等化水平，促进共同富裕的重要途径。当前阶段，建立健全多层次多支柱的社会保障体系，要解决好人民最关心最直接最现实的利益问题，为广大人民群众提供更可靠更充分的保障。一是在养老和医疗保障方面，逐步缩小城乡居民的养老金差距，同时促进优质医疗资源的区域流动与均衡发展。二是在住房供应和保障方面，不断完善多主体供给、多渠道保障、租购并举的住房制度，着重解决新市民住房问题。三是在社会兜底和救助方面，努力缩小社会救助标准的城乡差距，同时完善社会救助和保障标准与物价上涨挂钩的联动机制。

第三，完善财政转移支付体系。转移支付是促进城乡融合和区域协调发展的重要政策工具，因此对于实现共同富裕具有重要意义。一是完善财政转移支付制度，继续向革命老区、民族地区、边疆地区和欠发达地区倾斜，不断缩小区域人均财政支出差距。二是优化转移支付结构，协调中央与地方、财权与事权、收入与支出等关系,稳定提高一般性转移支付的规模及其比重。三是强化转移支付项目实施的监管力度和精准性,不断提高转移支付资金的使用效率,促进转移支付制度化、规范化和透明化。

此外,还要持续规范收入分配秩序,规范财富积累机制。这两个"规范"是消除分配不公、防止两极分化的重要举措,因此有利于促进共同富裕的实现。一方面,要依法保护合法收入,合理调节过高收入,清理规范不合理收入,坚决取缔非法收入,努力形成有效增加低收入群体收入、稳步扩大中等收入群体规模、合理调节过高收入的制度体系。另一方面,要在加强引导和规范资本和数据要素健康发展的过程中,注重其要素收入和财富的合理分配,防止出现新的收入和财富分配差距问题。

四、重视发挥第三次分配作用

第三次分配是企业、社会组织、家庭和个人等基于自愿原则,以募集、捐赠、资助和义工等公益慈善方式对社会资源财富进行分配。因此,自愿基础上的社会共济是第三次分配的基本原则,同时,社会组织和社会力量主要发挥了第三次分配的主导作用。当前阶段,为了进一步实现共同富裕,需要"重视发挥第三次分配的作用,发展慈善等社会公益事业"[①]。

第一,引导社会各界积极参与公益慈善事业。新时代以来,尽管我国公益慈善事业迅速发展,捐赠财物增长较快,志愿者队伍不断扩大,但社会各方力量的参与度不足,进而影响公益慈善事业的总体发展。为此,要充分调动社会各界参与公益慈善事业的积极性。一是鼓励企业更好履行社会责任,积极参与生态治理、民生建设、乡村振兴和区域协调发展,持续增加慈善捐赠。二是支持、引导和规范发展社会公益和慈善组织,动员更多社会力量和资源积极参与慈善捐赠。三是增强个人的公益慈善意识,灵活采取财物捐赠、志愿服务、互助互济等多种方式参与公益慈善活动。

第二,创新发展公益慈善活动新形式。尽管我国在开展公益慈善活动方面积累了不少可行经验,但是仍然存在与时代发展不相适应的地方。为此,要积极探索

---

① 中共中央宣传部,国家发展和改革委员会. 习近平经济思想学习纲要[M]. 北京:人民出版社、学习出版社,2022:77.

并创新发展当前我国公益慈善活动的各类实现形式。一是加强现代慈善组织制度建设,探索适合中国国情的慈善组织模式,建立健全非营利法人制度,打造一批具有影响力的中国特色慈善组织。二是探索金融助力第三次分配的方式,鼓励设立慈善信托,并且利用数字网络的技术优势,积极培育互联网慈善平台。三是加大医疗卫生、助残助老和教育培训等慈善投入,拓展生态环保、科技创新和人文艺术等慈善活动,并且支持慈善力量更加积极参与突发事件的救援工作。

第三,完善公益慈善事业政策法规体系。公益慈善事业的长远发展和高质量发展,离不开一系列政策法律法规的保障作用。为此,要完善相关政策法规体系,不断提升公益事业透明度,从而维护公益事业的公信力。一是完善税收优惠政策,鼓励企业和个人更多回报社会。比如,对企业的公益性捐赠支出,准予扣除一定比例的企业所得税,而对个人将其所得用于公益慈善事业的捐赠额,也可从其应纳税所得中扣除。二是加强公益慈善领域的法制建设,推进相关立法修法工作,贯彻落实慈善法、公益事业捐赠法、红十字会法和民法典。三是加强慈善组织规范化建设,健全慈善组织、志愿者、捐赠方和政府部门的协调联动机制,并且强化社会各界对公益慈善行业的监督与管理。

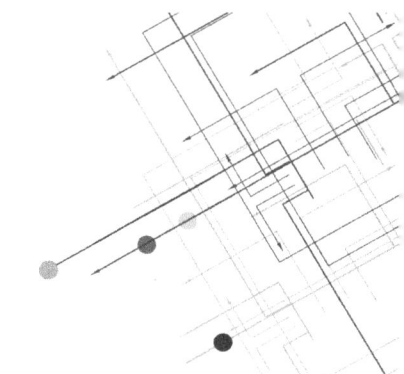

第九章

构建高水平市场经济体制助力共同富裕

我国正处于向社会主义现代化强国进军的新征程上,实现全体人民共同富裕不仅要完善分配制度,保障全体人民共享改革发展成果,实现社会财富的公平分配;而且要追求经济增长和财富创造,实现经济高质量发展,做大做好"蛋糕",这是扎实推进共同富裕的重要方面。党的二十大报告提出"构建高水平社会主义市场经济体制",党的二十届三中全会提出并细化了"构建高水平社会主义市场经济体制"的战略任务。高水平社会主义市场经济体制能够充分发挥各种不同所有制经济优势,创造更加公平、更有活力的市场环境,形成和发展新质生产力,保证经济高质量发展,为实现共同富裕奠定更加坚实的物质基础。

第一节 坚持"两个毫不动摇"激发市场主体活力

市场主体是市场经济体制的基本构成要素,也是决定市场经济效率和活力的关键因素。在扎实推进共同富裕的目标下,构建高水平社会主义市场经济体制,要坚持毫不动摇巩固和发展公有制经济,毫不动摇鼓励、支持、引导非公有制经济发展,激发不同所有制企业活力,促进各种所有制经济优势互补、共同发展。

一、深化改革推动实现国资国企做强做优做大

国有企业和国有资本作为我国公有制经济的重要载体,是我国基本经济制度

的奠基石,是提高我国产业竞争力的重要保障,是中国式现代化的推进器。国有企业和国有资本作为公有制经济成分,归属全民所有,国资国企的发展壮大也是实现全体人民共同富裕的重要主体。习近平指出:"公有制经济是全体人民的宝贵财富,公有制经济主体地位不能动摇,国有经济主导作用不能动摇,这是保证我国各族人民共享发展成果的制度性保证,也是巩固党的执政地位、坚持我国社会主义制度的重要保证。"[①]党的十八大以来,以习近平同志为核心的党中央高度重视国有企业和国有资本的发展,多次强调要理直气壮地做强做优做大国有企业和国有资本,增强国资国企的核心功能,提升核心竞争力,不断增强国有经济活力和控制力。党的二十大报告提出构建高水平社会主义市场经济体制,要"深化国资国企改革,加快国有经济布局优化和结构调整,推动国有资本和国有企业做强做优做大,提升企业核心竞争力。"[②]

第一,坚持问题导向,对标现代化要求,深化国资国企改革。改革开放以来,国资国企经过多轮改革,取得了较大进展。特别是党的十八大以来,党中央国务院制定了关于国资国企的多项改革举措,指导实施国企改革行动计划和深化提升行动,取得了重大成效,总体上已经同市场经济相融合,成为具有活力和竞争力的市场主体,从而为推动经济社会发展、保障和改善民生、推进社会主义现代化建设做出了重大贡献。但与现代化强国目标下高水平的市场经济体制建设要求相比,还存在一些问题,如一些国有企业的市场主体地位尚未真正确立、国有资产监管体制有待完善、现代企业制度还不健全、企业运行效率有待进一步提高等。因此,对标社会主义现代化建设的目标,要继续深化国资国企改革,特别是在企业制度、监管体制、配置机制等方面加强改革力度。

第二,坚持分类施策,优化国资国企战略布局和结构调整。党的十八大以来,党中央国务院制定深化国企改革的指导意见,提出对国有企业进行分类改革。针对不同国有企业在经济社会发展中的不同作用,根据企业主营业务和核心业务情况,将国有企业划分为商业类和公益类两大类。不同类型的国有企业在市场经济中的运行规律和在国民经济中发挥的作用不同。商业类国有企业的主要目标是增强国有经济经营活力,实现国有资产保值增值,因此与私营企业一样,一般按照市

[①] 习近平.立足我国国情和我国发展实践 发展当代中国马克思主义政治经济学[N].人民日报,2015—11—25.

[②] 习近平.高举中国特色社会主义伟大旗帜 为全面建设社会主义现代化国家而团结奋斗[M].北京:人民出版社 2022:29.

场化要求实行商业化运作；与商业类不同的是，公益类国有企业的主要目标是保障民生和服务社会，因此一般不完全遵循市场原则，其必要产品和服务价格主要由政府进行调控。在前期改革的基础上，要进一步深化国资国企改革，特别是要优化国资国企战略布局，继续推动国资国企向关系国家安全、国民经济命脉的重要行业和关键领域集中，向提供公共服务、应急能力建设和公益性领域集中。对于处在充分竞争领域的国有企业，要以市场为导向，以营利为目的，强化资本收益目标和财务硬约束，提高企业经营效益。

第三，坚持管资本为主，深化国有资产管理体制改革。从管企业为主转向管资本为主，是国有企业适应市场经济体制，提高国有企业经营管理效益的重要举措。国有企业改革必须加强监管，防止国有资产流失，实现国有企业国有资本做强做优做大的目标。进一步深化国有资产管理体制改革，适应当前国有资产资本化、国有企业股权多元化发展的需要，加强对企业出资关系的监管。坚持运用市场化法治化手段，以国有资本整体功能为监管内容，注重提升国有经济的质量和效益。推进国资监管理念、重点、方式等多方位转变，在监管理念上坚持授权与监管、放活与管好相统一，在监管方式上继续调整优化，实现监管职能与监管方式相融合，增强由管企业向管资本转变的系统性和有效性。不断深化国有资本投资公司和国有资本运营公司的改革，科学界定国有企业各个产权和管理主体的权利边界。同时，要遵循市场化原则和方向，结合不同企业类型，稳步推动国有企业劳动用工制度和国有企业收入分配制度改革。

第四，坚持创新理念，完善中国特色现代企业制度。中国特色现代企业制度是与社会主义市场经济体制相适应，与当前社会发展阶段、我国基本国情以及全球企业发展趋势相吻合的具有中国特色的社会主义企业制度。建立和完善中国特色企业制度是提升企业活力效率、解决国有企业与市场经济相融合的重要举措。当前，要进一步完善中国特色国有企业现代公司治理和市场化运营机制。活力和效率是国有企业改革的中心问题，要全面落实"两个一以贯之"，不断健全中国特色现代企业制度。创新国有企业治理模式，充分发挥国有企业党委（党组）在企业治理中把方向、管大局、保落实的领导作用和治理优势，不断增强国有企业公司治理的有效性。要遵循市场原则和现代企业治理理念，更广更深落实三项制度改革，全面构建适应现代国有企业的新型经营责任制，探索国有企业分配模式，健全规范高效的收入分配机制，充分发挥各级干部员工在国有企业中干事创业的积极性、主动性和创造性，从而激发企业的经营活力。

二、优化营商环境促进民营经济发展壮大

民营经济是非公有制经济的主要经济组织方式,也是中国特色社会主义基本经济制度的重要构成要素。改革开放以来,包括民营经济在内的非公有制经济在党的方针政策指引下逐渐形成并发展起来,已经成为社会主义市场经济的重要组成部分,在国家税收、技术创新、金融发展、劳动就业等方面发挥着不可或缺的作用。对此,习近平指出:"党中央始终坚持'两个毫不动摇''三个没有变',始终把民营企业和民营企业家当作自己人。"[1]党的十八大以来,国际国内形势发生了深刻复杂的变化,民营经济在取得巨大发展的同时,也面临许多新情况和新问题,党中央高度重视民营经济的发展。党的十八届五中全会提出,要"鼓励民营企业依法进入更多领域,引入非国有资本参与国有企业改革,更好激发非公有制经济活力和创造力"。党的二十大强调要坚持"两个毫不动摇",提出"促进民营经济发展壮大"。党的二十届三中全会强调要为非公有制经济营造良好的发展环境和提供更多的方针政策。党中央不断加强顶层设计,强化政策引导,陆续出台一系列重要文件,为民营经济发展壮大提供了有力的政策和制度保障。

第一,优化公平竞争的营商环境,充分激发民营经济生机活力。公平竞争是市场经济的基本要求,只有确保各类市场主体在经济活动中处于公平竞争的地位,才能够构建完善的市场体系,充分激发各类市场主体的活力,进而更好地发挥市场机制的作用。针对当前民营经济发展环境仍然存在有待优化的问题,需要全面贯彻落实公平竞争的政策制度和法律法规,依据公平竞争原则,健全相关制度框架和政策实施机制,使得针对各类不同所有制企业,政府在宏观调控、产业政策和微观规制等方面实现一视同仁、平等对待。按照市场化、法治化原则推动民营企业进入和退出市场的程序和进程,破除市场准入壁垒,完善市场退出机制,清理各项针对民营经济的前置条件和审批标准。当前,针对企业发展实际困难,要加大对民营经济的政策支持力度,特别是要完善融资支持政策制度、拖欠账款常态化预防和清理机制等,加快各种支持政策能够快速直达民营经济,能真正给民营经济发展带来实效,提高民营经济发展绩效。

第二,健全平等保护的法治环境,营造民营经济良好稳定预期。市场经济是法

---

[1] 叶日者.谱写民营经济发展新篇章[N].人民日报,2023-04-06(05).

治经济，依法保障包括民营企业在内的各类市场主体在市场经济中的产权和权益，同时规范市场行为，是完善社会主义市场经济体制的应有之义。首先要保障民营企业依法平等使用资源要素、公开公平公正参与竞争、同等受到法律保护，要加大《公平竞争审查条例》实施力度，促进公平竞争。其次要充分发挥民营企业党组织作用，强化党组织在推动企业加强法治教育上的作用，运用法治化方式建立民营企业腐败治理机制，实现民营企业治理方式创新。与此同时，要持续完善知识产权保护体系，加大对民营中小微企业原始创新保护力度，充分激发中小微企业的创新活力。最后要完善监管执法体系建设，特别是加强监管标准化和规范化，强化监管标准和规则的公开性，增强监管制度和政策的稳定性。在监管体系层面注重监管的公平性、规范性、简约性；同时，在执法体系层面，要杜绝选择性执法和让企业"自证清白"的执法方式。

第三，引导民营经济践行新发展理念，自觉走高质量发展之路。推动高质量发展是实现社会主义现代化强国的首要任务，也是新时代高水平社会主义市场经济体制建设的重要目标。促进民营经济发展壮大，必须注重引导民营企业完善治理结构和管理制度。民营企业的发展需要依托完善的企业治理制度，这就需要积极引导民营企业完善企业内部的法人治理结构。特别是在股东行为的规范化、内部监督的强化上着手，实现民营企业内部有效制衡，鼓励民营企业建立和完善中国特色现代企业制度，提高民营企业治理效能。同时让民营企业更能够适应高标准市场体系和高质量发展的要求，加快推动民营企业数字化转型和技术改造，提升民营企业科技创新能力。通过健全法律制度，规范和引导民营资本健康发展，使民营企业、民营资本和民营经济的发展始终保持在社会主义市场经济的轨道上，推动民营经济高质量发展。

三、构建和完善不同所有制融合发展的体制机制

混合所有制经济，是以公有制为主体、多种所有制经济共同发展这一基本经济制度的重要实现形式。习近平指出："要积极发展混合所有制经济，强调国有资本、集体资本、非公有资本等交叉持股、相互融合的混合所有制经济，是基本经济制度的重要实现形式，有利于国有资本放大功能、保值增值、提高竞争力。这是新形势下坚持公有制主体地位，增强国有经济活力、控制力、影响力的一个有效途径和必

然选择。"①混合所有制经济作为社会主义基本经济制度的重要实现形式,是社会主义市场经济体制下所有制形式的新发展。混合所有制经济不仅能够实现公有制经济与市场经济的有机融合,而且是各类不同所有制经济有机融合、共同发展的新形式;不但可以巩固公有制经济主体地位,推动公有制实现形式的多样化,而且有利于不同所有制经济之间的优势互补、融合发展。党对混合所有制认识的深化是在不断实践探索和总结经验的基础上形成的,混合所有制经济在基本经济制度中的重要地位,充分表明了混合所有制经济是实现不同所有制融合发展的重要载体,也是强国目标下社会主义市场经济的重要发展方向。混合所有制经济的改革将有利于促进经济公平与效率的有机统一,为扎实推进共同富裕提供了一种具体可行的经济实现形式。

第一,深化混合所有制改革,推动形成不同所有制相互融合发展体制。科学制订混合所有制改革方案,确保混合所有制改革规范有序推进。分层分类进行改革,不搞一刀切,不搞全覆盖。让混合所有制经济成为社会主义市场经济的主要经济主体,为社会主义现代化强国和全体人民共同富裕目标的实现奠定坚实的所有制基础。在重点领域混合所有制改革试点不断推进的基础上,有序推进混合所有制改革,积累改革经验,按照分类原则发展混合所有制企业。对主业处于充分竞争领域的国有企业,强化国有资本收益功能,探索将部分国有股权转化为优先股。探索建立适合混合所有制企业的治理机制和监管制度,对于国有资本只是参股的混合所有制企业,要探索实施与社会资本相统一的灵活高效的监管制度。同时,需要转变混合所有制改革只是国资国企改革的狭隘观念,发展混合所有制,也要鼓励和促进国有资本入股非国有企业,真正实现不同所有制经济之间的股权融合、战略合作和资源整合。

第二,兼顾不同所有制核心利益,推动形成混合所有制企业分配机制。混合所有制企业发展的关键在于将国有资本和非国有资本融合在一个符合市场运行规则的企业整体之中。不同所有制企业之所以能够相互投资形成混合所有制经济,主要在于能够满足双方不同的利益诉求。国有股东的主要目标在于通过混合所有制改革搞活企业经营机制和提高企业经济效益,民营股东则更加关注混合所有制经济中的话语权、经济效益和现金分红。对股份制企业来说,可以兼顾国有股东和民营股东的核心利益诉求。为实现稳定的投资回报,在具体的改革制度设计上,混合

---

① 习近平.关于《中共中央关于全面深化改革若干重大问题的决定》的说明[J].求是,2013(22).

所有制企业可参照上市公司相关监管制度规定,在公司章程中约定利润的最低分红比例。并且通过改革增强企业盈利能力,努力提高分红比例的数值水平,在实现国有资本搞活经营机制、放大国有资本功能的同时,兼顾民营资本的经济利益,以此形成双方合作共赢的局面,形成良性循环的混合所有制分配机制。

第三,坚持优势互补,推动形成混合所有制企业文化的有效融合机制。在发展混合所有制经济过程中,也要注意重视文化融合,防止企业因文化差异和经营理念的不同而产生不必要的矛盾和误解。应该取长补短,发挥国有和民营企业文化各自优势,实现混合所有制改革后不同所有制企业文化的有效融合。国有企业文化的优势和特点主要表现为系统性、全面性和规范性等方面,与此相对应的,民营企业文化的优势和特点主要体现在灵活性、高效性和创新性等方面。混合所有制改革能够推动国有企业和民营企业文化融合,其前提和基础是两种文化相互尊重、相互制约,同时要确保各方的话语权与核心利益。在此基础上,充分吸收双方企业文化的优势、摒弃劣势,将两种企业文化进行有效整合,以便适应企业所在行业实际情况和经济社会、科技形势新变化,遵循企业管理民主化,形成与时俱进、符合时代发展趋势的企业经营新理念。企业创新理念有助于提高企业的向心力和凝聚力,推动混合所有制企业不断取得新发展、新突破。

第二节　建设高标准市场体系增强市场运行效率

建设高标准市场体系是新发展阶段构建高水平社会主义市场经济体制的重要内容,也是经济高质量发展的内在要求和重要支撑。高标准市场经济体制包括高质量的市场发展环境、高效率的要素市场配置机制、高标准的市场经济基础制度等方面。建设高标准市场体系,有利于增强市场运行效率,激发各类市场主体竞争活力,为扎实推进共同富裕创造良好的市场经济环境。

一、构建高效规范公平竞争的全国统一大市场

构建全国统一大市场,是以习近平同志为核心的党中央从全局和战略高度做出的重大决策。党的十九届五中全会提出要"形成高效规范、公平竞争的国内统一市场"①，党的二十大报告提出要"构建全国统一大市场，深化要素市场化改革，建设高标准市场体系"②。在此基础上，中共中央、国务院出台了《中共中央国务院关于加快建设全国统一大市场的意见》，对全国统一大市场构建进行了具体部署。党的二十届三中全会通过的《中共中央关于进一步全面深化改革、推进中国式现代化的决定》，进一步部署了构建全国统一大市场的重大改革举措。全国统一大市场指的是在政策统一、规则一致、执行协同的基础上，通过充分竞争与社会分工所形成的全国一体化运行的大市场体系。全国统一大市场使商品和要素资源能够按照市场规则进行顺畅流动和优化配置，有利于解决当前面临的一些领域市场制度规则不完善、要素市场发育相对滞后等问题，推动我国市场由大到强转变。当前，需要准确把握构建全国统一大市场的基本要求，进一步全面深化改革，推动形成高效规范、公平竞争、充分开放的全国统一大市场，促进高标准市场体系建设。

第一，建设统一开放、竞争有序的现代市场运行体系。公平竞争是市场经济的基本原则和建设全国统一大市场的客观要求。在完善市场经济体制中，不同的市场主体在要素使用、政策惠及、商品销售、市场准入等方面应该具有平等的地位和权利，只有这样，市场机制才能有效发挥资源配置作用。因此，让市场在资源配置中起决定性作用，必须打破市场、行业、区域壁垒，解决市场分割、市场垄断和地方保护主义等问题。国家新颁布施行的《公平竞争审查条例》就是通过细化审查规则、统一审查标准、强化反垄断和反不正当竞争，确保不同市场主体和不同所有制企业能够在市场经济中处在公平竞争的地位，实现不同主体之间的权利平等、机会平等、规则平等，为市场机制充分发挥作用创造条件。

第二，强化统一的市场监管，加强市场监管的标准化规范化建设。市场机制尽管在资源配置中发挥着重要作用，但由于存在市场失灵，政府需要介入市场监管中，确保市场机制能够有效发挥作用。但是，政府对市场的监管既要遵循确保市场主体公平竞争的原则，又要坚持监管标准和规则的统一性原则。当前，针对监管规则不完善、执法尺度不一致、监管能力不匹配等问题，要提升市场综合监管能力和水平，加强市场监管标准化规范化建设，明确市场监管领域基础性、通用性监管规则；要适应经济高质量发展要求，推动标准提档升级，更好发挥标准引领作用；促进

---

① 中共中央关于制定国民经济和社会发展第十四个五年规划和2035年远景目标的建议[M].北京：人民出版社，2020：19.

② 习近平.高举中国特色社会主义伟大旗帜 为全面建设社会主义现代化国家而团结奋斗[M].北京：人民出版社，2022：29.

各类所有制企业和不同市场主体能够在统一规范的标准下开展经济活动,提高市场经济运行过程的效率与公平。

第三,完善流通体制,加快培育完整的内需体系。流通是经济循环的"血脉",也是市场经济运行的重要环节。构建全国统一大市场,需要形成全国统一的商品和要素流通政策和贸易体制,促进商品要素资源在更大范围内畅通流动。在完善流通体制方面,要加快发展物联网,健全一体衔接的流通规则和标准,充分发挥我国人口规模巨大、市场规模超大的特征和优势,有效降低全社会物流成本。在此基础上,要加快培育完整内需体系。对此二十届三中全会提出要"健全政府投资有效带动社会投资体制机制,深化投资审批制度改革,完善激发社会资本投资活力和促进投资落地机制,形成市场主导的有效投资内生增长机制。完善扩大消费长效机制,减少限制性措施,合理增加公共消费,积极推进首发经济"[1]。

二、完善要素市场制度和规则推动资源高效配置

要素市场是市场体系的基础和重要组成部分。对从计划经济转型到市场经济的国家来说,要素市场化程度是市场经济成熟程度的重要衡量标准。党的十八大以来,以习近平同志为核心的党中央高度重视要素市场化改革和要素市场制度建设。党的十九大报告提出,经济体制改革必须以完善产权制度和要素市场化配置为重点。党的十九届四中全会提出,推进要素市场制度建设,实现要素价格市场决定、流动自主有序、配置高效公平。2020年,中共中央、国务院颁布了《关于构建更加完善的要素市场化配置体制机制的意见》,党的二十大和二十届三中全会通过有关决定,进一步对完善要素市场化配置体制机制和完善要素市场制度规则进行了全面阐述、总体谋划和系统部署。要素资源市场制度和规则是要素市场化高效配置的重要举措,是建设高标准市场体系的关键步骤,也是实现聚集中高端要素、发挥市场在资源配置中决定性作用的前提。经过三十多年社会主义市场经济的发展,中国市场经济基本框架已经建立,但是要素市场体系发育程度慢于商品和服务市场体系,在一定意义上限制了资源有效配置和合理流动,不利于要素收益公平分配,也影响了经济发展的质量和效率。建设高标准市场体系的关键突破点在于完善要素市场制度和规则,推动生产要素畅通流动、各类资源高效配置、市场潜力充

---

[1] 中共中央关于进一步全面深化改革 推进中国式现代化的决定[M].北京:人民出版社,2024:9.

分释放;形成主要由市场供求关系决定要素价格机制,健全劳动、资本、土地、知识、技术、管理、数据等生产要素由市场评价贡献、按贡献决定报酬的机制。

第一,完善土地要素市场制度和规则,构建城乡统一的建设用地市场。土地是民生之本、发展之基,是支撑经济社会发展的重要保障。土地要素是国民经济生产的基础性要素,是其他各种生产要素的前提和基础。构建城乡统一的建设用地市场,全面推开农村土地征收制度改革,建立公平合理的集体经营性建设用地入市增值收益分配制度。充分运用市场机制盘活存量土地和低效用地,深化农村宅基地制度改革试点,为乡村振兴和城乡融合发展提供土地要素保障。完善土地管理体制,探索建立全国性建设用地、补充耕地指标跨区域交易机制。

第二,完善促进资本市场规范发展基础制度,推动金融市场健康发展。资本是市场经济运行的关键要素,也是现代社会生产的核心要素。资本作为生产要素能够对优化资源配置、刺激经济发展、调节收入分配等方面产生重要影响。因此,一方面要充分利用资本作为生产要素的积极作用,另一方面要防范资本的无序扩展。要加快建立规范、透明、开放、有活力、有韧性的资本市场,推动资本向创造价值的优质企业流动,完善金融支持创新政策,开发多样性的科技金融产品,完善地方金融监管和风险管理体制,实现金融和实体经济良性循环。

第三,培育全国一体化技术和数据市场,促进技术与数据要素融合。技术和数据要素是现代市场的新兴要素,在发挥现代科技在市场经济中的作用方面有着不可替代的地位。要完善技术要素市场,促进技术要素与其他要素融合,提升技术要素市场化配置能力。培育高标准的数据市场,需要加强数据要素确权保护,有效保护数据交易中各主体权益,完善数据要素收益分配制度。提高与数字经济发展要求相适应的数据要素市场培育标准,维护数据市场的公平竞争秩序。加强数据共享和交易平台建设,促进数据要素供给与经济发展需求的衔接匹配。

第四,培育人才市场,引导劳动力和人才合理畅通有序流动。劳动力、人才市场是高标准市场体系的重要组成部分,实施人才强国战略必须重视人才市场的培育与发展,让市场在人才资源配置中起基础性作用,促进人才合理配置和合理流动。健全统一规范的人力资源市场体系,建立协调衔接的劳动力、人才流动政策和交流合作机制。完善技术技能评价制度,让各类劳动力和人才竞相发挥各自优势。建立数字经济时代的就业政策体系,消除劳动力市场分割,破除制约劳动者自由流动的障碍,推动劳动力要素有序流动。

三、完善以产权制度为重点的市场经济基础制度

市场经济基础制度包括产权保护、市场准入、公平竞争、社会信用等方面的制度,是社会主义市场经济有效运行的基础保障,也是确保充分发挥市场在资源配置中的决定性作用、更好发挥政府作用的必要前提,是构建高水平社会主义市场经济体制的内在要求。改革开放四十多年来,特别是经过社会主义市场经济体制建立30多年来的发展,我国市场经济基础制度框架已经建立。党的十八大以来,以习近平同志为核心的党中央高度重视市场经济基础制度建设,习近平总书记在党的二十大报告中指出,"完善产权保护、市场准入、公平竞争、社会信用等市场经济基础制度"[1],首次在党的报告中提出"市场经济基础制度"。党的二十届三中全会对完善市场经济基础制度做出重要决策部署,将"完善市场经济基础制度"列为构建高水平社会主义市场经济体制的战略任务之一,明确提出了完善市场经济基础制度的主要任务,凸显了市场经济基础制度在进一步推进社会主义市场经济体制改革中的重要作用。党的十八大以来,我国不断深化市场经济基础制度建设,包括开展涉及产权保护的规章、规范性文件清理工作,建立并全面实施全国统一的市场准入负面清单制度,加大知识产权保护力度等,市场经济基础制度取得重大成效。但与高水平社会主义市场经济体制要求相比,仍然存在差距,需要进一步深化改革,完善市场经济基础制度。

第一,完善产权制度,依法平等长久保护各种所有制经济产权。产权是市场经济运行的基础,归属清晰、权责明确、保护严格、流转顺畅、有效激励的产权制度是建设高水平社会主义市场经济体制的关键。完善产权制度是市场经济基础制度建设的重点与核心,产权制度的完善能使资源配置更加合理。要深化国有企业国有资本改革,明晰国资国企产权关系,界定包括自然资源、数据资源、科技资源等各种要素和资源的产权归属。完善产权保护和惩罚制度,对侵犯各种所有制经济产权和合法利益的行为实行同责同罪同罚,加强对国有和民营企业知识产权的保护,依法保护民营企业产权和企业家权益。加强产权执法司法保护,防止和纠正利用行政、刑事手段干预经济纠纷。

---

[1] 习近平.高举中国特色社会主义伟大旗帜 为全面建设社会主义现代化国家而团结奋斗[M].北京:人民出版社,2022:29.

第二，完善市场准入制度，优化新业态新领域市场准入环境。市场主体和各类资源可以自由进入和退出，是市场经济的基本特征也是基本要求。党的十八大以来，为了适应高水平社会主义市场经济体制建设要求，我国注重市场准入制度的顶层设计，推动构建更加开放透明、规范有序、平等竞争、权责清晰、监管有力的市场准入制度新体系。在全国范围实施市场准入负面清单制度，推动市场准入管理模式实现重大转变，并逐步建立市场准入负面清单动态调整机制，通过修订负面清单，优化市场准入制度。同时要建立健全市场准入评估制度，提升负面清单的作用效能。针对新产业、新业态、新模式和新领域，要根据行业特征，优化市场准入环境，确保各类不同市场主体在市场中处于平等竞争的地位。

第三，构建社会信用体系和监管制度，加强基于信用的新型监管。市场经济本质特征之一是信用经济，为了夯实社会主义市场经济运行的信用基石，需要加快推进社会信用立法，不断健全信用法律法规和标准体系。加快建设全国统一大市场明确要求健全统一的社会信用制度，要形成覆盖全部信用主体、所有信用信息类别、全国所有区域的信用信息网络。在完善社会信用体系方面，需要推动有效市场和有为政府更好结合，积极培育征信机构和信用评级结构，推动信用服务市场健康发展，同时加强政府对信用服务机构和市场的监督评估，以信用风险为导向优化监督资源配置。完善信用修复机制，建立健全权责清晰、运行顺畅的信用修复工作机制。

第三节　完善宏观经济治理体系确保经济行稳致远

社会主义市场经济是社会主义的基本制度与市场经济的一般原理的有机结合。科学的宏观调控、有效的政府治理是发挥社会主义市场经济体制优势的内在要求。构建高水平社会主义市场经济体制，必须更好地发挥政府作用，有效弥补市场失灵，适应生产社会化的基本要求，不断完善宏观经济治理体系，确保市场经济行稳致远，为扎实推进共同富裕保驾护航。

一、完善国家战略规划体系和政策统筹协调机制

国家战略规划体系集中体现了党和国家的战略意图和中长期发展目标，是推

动实现国家长治久安、经济高质量发展、人民共同富裕的重要依托。党的十八大以来,习近平总书记亲自谋划部署国家战略规划体系建设,推动实施创新驱动发展战略、区域协调发展战略、主体功能区战略、新型城镇化战略等一系列国家战略,使我国国家战略体系更加科学完善;编制实施国民经济和社会发展五年规划,建立统一规划体系和国家发展规划实施机制,实现各领域专项规划与国家发展规划同步部署编制实施。党的十九大报告指出,"创新和完善宏观调控,发挥国家发展规划的战略导向作用,健全财政、货币、产业、区域等经济政策协调机制"[①]。党的二十大报告进一步指出,"健全宏观经济治理体系,发挥国家发展规划的战略导向作用,加强财政政策和货币政策协调配合"[②]。党的二十届三中全会对完善国家战略规划体系和政策统筹协调机制进行了具体部署。新时代新征程上,面对严峻复杂的国际环境和艰巨繁重的国内改革发展稳定任务,推进中国式现代化、推动高质量发展、扎实推进共同富裕,都需要发挥好国家战略规划体系的引领和指导作用,针对当前还存在着国家战略融合不足、规划目标与政策工具不协同等问题,需要进一步完善国家战略规划体系和政策统筹协调机制,更好地发挥国家发展规划的战略导向作用,加强宏观经济政策的协调配合。

第一,构建国家战略制定和实施机制,加强国家重大战略深度融合。战略问题是一个政党、一个国家的根本性问题。战略上判断得准确,战略上谋划得科学,战略上赢得主动,党和人民事业就大有希望。国家战略的制定和实施是一个国家发展过程中的重要内容。制定国家战略需要把握世界大势,认清基本国情,遵循战略指导,设定战略目标和步骤。国家战略制定要遵循全局性、长远性、稳定性原则。在改革开放和社会主义现代化建设新阶段的基础上,党的十九大报告提出建设社会主义现代化强国"两步走"的战略步骤,形成"四个全面"战略布局,不同领域又提出具体战略任务。国家发展战略需要贯彻到具体的发展规划中,加强国家重大战略深度融合,增强国家战略宏观引导、统筹协调功能。

第二,健全国家经济社会发展规划制度体系,强化规划衔接落实机制。编制和实施国民经济和社会发展五年规划,是我们党治国理政的重要方式。在党中央集中统一领导下,我国已形成由党中央提出规划"建议"、国务院编制规划"纲要"、全

---

① 习近平.决胜全面建成小康社会 夺取新时代中国特色社会主义伟大胜利[M].北京:人民出版社,2017:34.
② 习近平.高举中国特色社会主义伟大旗帜 为全面建设社会主义现代化国家而团结奋斗[M].北京:人民出版社,2022:29.

国人大审查批准后向社会公布实施的制度安排,把党的主张有效转化为国家意志和全民行动。当前,健全国家经济社会发展规划制度体系,强化规划衔接落实机制,推动规划目标与政策工具相互协同,专项规划对总体规划形成有效支撑。制定规划要把握大势、集思广益,结合国内外最新情况,做出新规划,更好地发挥国家发展规划的战略导向作用,同时加强各项中长期规划和国家战略规划,以及各领域专项规划的协调配套,注重规划科学制定和科学实施。

第三,加强宏观经济政策统筹协调机制,形成政策合力。战略、规划、政策需要统筹协调,短期政策和长期政策也要衔接配合,保持政策连续性、稳定性和有效性,这是保障国家战略规划和实现经济目标的重要方面。围绕实施国家战略规划和国家发展规划,加强宏观经济政策协调配合,增强宏观政策取向一致性,将经济政策和非经济政策都纳入宏观政策取向一致性评估,统筹把握好政策出台时机、力度、节奏,强化各方面对政策的理解、执行和传导,促进财政、货币、产业、价格、就业、投资、消费、环保等政策协同发力。探索实行国家宏观资产负债表管理,健全预期管理机制,增强宏观经济分析能力,提高宏观经济政策的有效性,提升政府宏观管理水平。

二、深化财政税收和金融等重点领域的体制改革

社会主义市场经济体制中,财政和货币政策是宏观经济政策的两大组成部分,也是国家对市场经济展开调节的主要政策手段。经过改革开放四十多年的发展,我国已逐步建立起比较科学完整的宏观调控体系,财政和货币政策在稳定经济增长、调节国民经济运行、促进经济发展等方面发挥了重要作用。财政和货币政策作用的发挥依托于财政和金融制度的改革和完善。党的十八大以来,为了适应我国经济高质量发展阶段的要求,我国不断深化对财税体制和金融体制改革,取得了诸多成效。当前,全面深化改革进入关键时期,在构建高水平社会主义市场经济体制,实现全体人民共同富裕的战略目标下,在推动中国式现代化的新征程中,需要进一步全面深化改革,深化对财税金融体制的改革。

首先,深化财税体制改革。财税体制改革在每一轮重大改革中都发挥着"突破口"和"先行军"的重要作用。党的十八大以来,以习近平同志为核心的党中央高度重视财税体制改革,围绕预算管理制度、税收制度、政府间财政关系出台了一系列改革举措,建立完善现代财税体制取得一系列进展和成果,预算绩效管理持续深

化、"营改增"以及增值税改革完善实施、中央与地方财政事权和支出责任划分改革向纵深推进。这些改革为促进高质量发展、推进中国式现代化、推进实现共同富裕发挥了重要作用。但也要看到,在新发展阶段,与服务和支撑中国式现代化建设的要求相比,我国当前的财税体制仍然存在一些需要解决的问题。针对这些问题以及当前我国经济形势的新变化,需要抓住重点,进一步深化财税体制改革,建立与新时代中国式现代化相适应的现代财税制度。

党的二十届三中全会,围绕财税体制改革进行了具体部署。一是健全预算制度,加强财政资源和预算统筹,把依托行政权力、政府信用、国有资源资产获取的收入全部纳入政府预算管理。完善国有资本经营预算和绩效评价制度,强化国家重大战略任务和基本民生财力保障。二是健全有利于高质量发展、社会公平、市场统一的税收制度,优化税制结构。强化税收功能,使财政收入来源更加平衡稳固、税收调控更加科学有力、收入调节更加精准高效,更好地发挥税收在国家治理中的基础性、支柱性和保障性作用。三是建立权责清晰、财力协调、区域均衡的中央与地方财政关系。增加地方自主财力,拓展地方税源,适当扩大地方税收管理权限;适当加强中央事权,提高中央财政支出比例。

其次,深化金融体制改革。金融是国民经济的血脉,关系中国式现代化建设全局。习近平总书记指出,回顾改革开放以来我国金融业发展历程,解决影响和制约金融业发展的难题必须深化改革。党的十八大以来,在全面深化改革的过程中,我国金融业发展加快,金融领域持续创新,金融制度逐渐完善,金融监管体制改革持续推进,金融支持实体经济的能力不断提高。但随着金融体系复杂度、开放度不断提高,当前我国仍然存在金融服务实体经济的质效有待进一步提高、投资和融资功能不协调、监管体制机制需要进一步完善等问题,迫切需要加快金融体制改革。

党的二十届三中全会对进一步深化金融体制改革做出重大部署,必将为加快建设金融强国注入强大动力,不断开辟金融工作新局面。一是完善金融机构定位和治理,健全服务实体经济的激励约束机制。金融机构要立足提供高质量金融服务,做好金融五篇大文章,健全公司治理,加强金融机构内部管理,完善监管和考核。二是健全投资和融资相协调的资本市场功能,防风险、强监管,促进资本市场健康稳定发展。提高上市公司质量,强化上市公司监管和退市制度。完善大股东、实际控制人行为规范约束机制。完善上市公司分红激励约束机制。健全投资者保护机制。三是完善金融监管体系,依法将所有金融活动纳入监管,强化监管责任和问责制度,加强中央和地方监管协同。推动金融高水平开放,加快建设上海国际金融中心,积极参与国际金融治理。

三、完善实施区域协调和城乡融合发展战略机制

党的十九大对新时代我国社会主要矛盾做出了科学判断,提出我国社会主要矛盾已经转化为人民日益增长的美好生活需要与不平衡不充分的发展之间的矛盾,其中发展的不平衡是新时代我国社会存在的主要问题之一。不平衡发展主要体现在区域之间、城乡之间发展的不平衡,解决区域和城乡之间的不平衡问题是新时代党的主要任务。实现区域协调和城乡融合发展是经济高质量发展的关键支撑,是实现共同富裕的内在要求,也是推动中国式现代化的重要内容。党的十八大以来,以习近平同志为核心的党中央高度重视区域协调发展和城乡融合发展,将两者作为全面建设社会主义现代化强国的战略性目标。党的十九大报告提出"区域协调发展战略"和"乡村振兴战略"两大战略,并进行了总体部署。党的二十大报告将区域协调发展战略作为推动高质量发展的重要支撑,提出"全面建设社会主义现代化国家,最艰巨最繁重的任务仍然在农村"[①],要坚持城乡融合发展,全面推进乡村振兴。党的二十届三中全会,系统部署了完善区域协调发展战略机制的重点改革举措,同时对完善城乡融合发展体制机制也做出了具体部署,以全局的眼光着力系统谋划重大战略性问题,为推动区域协调发展和城乡融合发展、解决发展不平衡问题、扎实推进共同富裕指明了方向。

第一,构建优势互补、高质量发展的区域经济布局和国土空间体系。区域经济布局和国土空间体系构建是解决我国区域发展不平衡不充分问题,加快区域协调发展战略,协同推进新型城镇化和乡村振兴战略,逐步缩小地区和城乡差距,促进全体人民共同富裕的内在要求。要按照客观经济规律调整完善区域政策体系,发挥各地区比较优势,促进各类要素合理流动和高效集聚,健全推动西部大开发形成新格局、东北全面振兴取得新突破、中部地区加快崛起、东部地区加快推进现代化的制度和政策体系。

第二,健全区际间合作互动机制,完善区域一体化发展机制。党的十八大以来,习近平总书记亲自谋划部署了一系列区域重大战略,有力地推进了区域协调发

---

① 习近平.高举中国特色社会主义伟大旗帜 为全面建设社会主义现代化国家而团结奋斗[M].北京:人民出版社,2022:30—31.

展战略。当前,在新形势下,要坚持和加强党对区域协调发展工作的领导,推动区域重大战略,京津冀、长三角、粤港澳大湾区等地区更好发挥高质量发展动力源作用;优化长江经济带发展、黄河流域生态保护和高质量发展机制;高标准高质量推进雄安新区建设,推动成渝地区双城经济圈建设走深走实;完善区域一体化发展机制,构建跨行政区合作发展新机制。

第三,健全推进新型城镇化体制机制,加快城乡融合发展。城乡融合发展是中国式现代化的必然要求,要统筹新型工业化、新型城镇化和乡村全面振兴,促进城乡要素平等交换、双向流动,缩小城乡差别,促进城乡共同繁荣发展。构建产业升级、城镇发展良性互动机制,加快农业转移人口市民化,保障进城落户农民合法土地权益。坚持人民城市人民建、人民城市为人民,健全城市规划体系,加快转变城市发展方式,推动形成超大特大城市智慧高效治理新体系,建立都市圈同城化发展体制机制。

第四,巩固和完善农村基本经济制度,推动实现乡村全面振兴。重农固本是安民之基、治国之要。农业农村现代化是中国式现代化建设的重要内容和内在要求。党的十八大以来,我们坚持把解决好"三农"问题作为全党工作重中之重,完成了脱贫攻坚战的全面胜利。当前推动乡村全面振兴,需要巩固和完善农村基本经济制度,稳定农村土地承包关系,深化"三权分置"改革,发展新型农村集体经济。要完善强农惠农富农支持制度,完善覆盖农村人口的常态化防止返贫致贫机制,建立农村低收入人口和欠发达地区分层分类帮扶制度。要深化土地制度改革,健全土地增值收益分配机制。

参考文献

[1]马克思恩格斯选集(第1卷)[M].北京:人民出版社,2012.
[2]马克思恩格斯选集(第2卷)[M].北京:人民出版社,2012.
[3]马克思恩格斯选集(第3卷)[M].北京:人民出版社,2012.
[4]马克思恩格斯文集(第1卷)[M].北京:人民出版社,2009.
[5]马克思恩格斯文集(第2卷)[M].北京:人民出版社,2009.
[6]马克思恩格斯文集(第3卷)[M].北京:人民出版社,2009.
[7]马克思恩格斯文集(第5卷)[M].北京:人民出版社,2009.
[8]马克思恩格斯文集(第8卷)[M].北京:人民出版社,2009.
[9]马克思恩格斯文集(第10卷)[M].北京:人民出版社,2009.
[10]马克思恩格斯全集(第30卷)[M].北京:人民出版社,1995.
[11]马克思恩格斯全集(第31卷)[M].北京:人民出版社,1998.
[12]马克思.资本论(第1卷)[M].北京:人民出版社,2004.
[13]列宁选集(第4卷)[M].北京:人民出版社,1995.
[14]列宁选集(第3卷)[M].北京:人民出版社,2012.
[15]斯大林.苏联社会主义经济问题[M].北京:人民出版社,1952.
[16]毛泽东选集(第1卷)[M].北京:人民出版社,1991.
[17]毛泽东选集(第3卷)[M].北京:人民出版社,1991.
[18]毛泽东选集(第4卷)[M].北京:人民出版社,1991.
[19]毛泽东文集(第1卷)[M].北京:人民出版社,1993.
[20]毛泽东文集(第6卷)[M].北京:人民出版社,1999.
[21]毛泽东文集(第7卷)[M].北京:人民出版社,1999.
[22]毛泽东文集(第8卷)[M].北京:人民出版社,1999.
[23]邓小平文选(第1卷)[M].北京:人民出版社,1994.
[24]邓小平文选(第2卷)[M].北京:人民出版社,1994.

[25]邓小平文选(第3卷)[M].北京:人民出版社,1993.

[26]江泽民文选(第1卷)[M].北京:人民出版社,2006.

[27]江泽民文选(第2卷)[M].北京:人民出版社,2006.

[28]江泽民文选(第3卷)[M].北京:人民出版社,2006.

[29]胡锦涛文选(第2卷)[M].北京:人民出版社,2016.

[30]胡锦涛文选(第3卷)[M].北京:人民出版社,2016.

[31]习近平谈治国理政(第1卷)[M].北京:外文出版社,2018.

[32]习近平谈治国理政(第2卷)[M].北京:外文出版社,2017.

[33]习近平谈治国理政(第3卷)[M].北京:外文出版社,2020.

[34]习近平谈治国理政(第4卷)[M].北京:外文出版社,2022.

[35]中共中央文献研究室编.习近平扶贫论述摘编[M].北京:中央文献出版社,2018.

[36]习近平.高举中国特色社会主义伟大旗帜 为全面建设社会主义现代化国家而团结奋斗[M].北京:人民出版社,2022.

[37]习近平.扎实推动共同富裕[J].求是,2021,(20).

[38]习近平.在庆祝改革开放40周年大会上的讲话[N].人民日报,2018-12-19(002).

[39]习近平.继承和发扬党的优良革命传统和作风 弘扬延安精神[J].求是,2022(24).

[40]习近平.把握新发展阶段,贯彻新发展理念,构建新发展格局[J].求是,2021(9).

[41]习近平.使人民群众不断获得切实的经济、政治、文化利益[J].求是,2001(19).

[42]习近平.在第十四届全国人民代表大会第一次会议上的讲话[N].人民日报,2023-03-14(002).

[43]习近平.与世界相交 与时代相通 在可持续发展道路上阔步前行[N].人民日报,2021-10-15(002).

[44]习近平.登高望远,牢牢把握世界经济正确方向[N].人民日报,2018-12-01(002).

[45]习近平.在中法建交五十周年纪念大会上的讲话[N].人民日报,2014-03-29(002).

[46]习近平. 中国式现代化是强国建设、民族复兴的康庄大道[J]. 求是,2023(16).

[47]习近平. 深入理解新发展理念[J]. 求是,2019(10).

[48]习近平. 坚持把解决好"三农"问题作为全党工作重中之重 举全党全社会之力推动乡村振兴[J]. 求是,2022(7).

[49]习近平. 正确认识和把握我国发展重大理论和实践问题[J]. 求是,2022(10).

[50]习近平. 为实现党的二十大确定的目标任务而团结奋斗[J]. 求是,2023(1).

[51]习近平. 不断开拓当代中国马克思主义政治经济学新境界[J]. 求是,2020(16).

[52]习近平. 在庆祝中国共产党成立100周年大会上的讲话[N]. 人民日报,2021－07－02(002).

[53]习近平. 不断做强做优做大我国数字经济[J]. 求是,2022(2).

[54]立足我国国情和我国发展实践 发展当代中国马克思主义政治经济学[N]. 人民日报,2015－11－25.

[55]习近平. 关于《中共中央关于全面深化改革若干重大问题的决定》的说明[J]. 求是,2013(22).

[56]建党以来重要文献选编(第1册)[M]. 北京:中央文献出版社,2011.

[57]建国以来重要文献选编(第7册)[M]. 北京:中央文献出版社,1993.

[58]中共中央文献研究室编. 毛泽东年谱(第1卷)[M]. 北京:中央文献出版社,2013.

[59]中共中央文献研究室编. 毛泽东年谱(第3卷)[M]. 北京:中央文献出版社,2013.

[60]关于建国以来党的若干历史问题的决议(注释本)[M]. 北京:人民出版社,1985.

[61]中共中央文献研究室编. 江泽民论有中国特色社会主义(专题摘编)[M]. 北京:中央文献出版社,2002.

[62]十八大以来重要文献选编(中)[M]. 北京:中央文献出版社,2016.

[63]中共中央文献研究室编. 十八大以来重要文献选编(上)[M]. 北京:中央文献出版社,2014.

[64]国家统计局编. 中国统计年鉴(1983)[M]. 北京:中国统计出版社,1983.

[65]中共中央文献研究室编. 十一届三中全会以来重要文献选读(上)[M]. 北京:人民出版社,1987.

[66]中共中央文献研究室编.习近平关于社会主义经济建设论述摘编[M].北京:中央文献出版社,2017.

[67]中共中央文献研究室编.习近平关于全面建成小康社会论述摘编[M].北京:中央文献出版社,2016.

[68]国家统计局编.中国统计年鉴(2023)[M].北京:中国统计出版社,2023.

[69]中共中央宣传部,国家发展和改革委员会编.习近平经济思想学习纲要[M].北京:人民出版社,2022.

[70]中共中央关于坚持和完善中国特色社会主义制度、推进国家治理体系和治理能力现代化若干重大问题的决定[M].北京:人民出版社,2019.

[71]中共中央关于制定国民经济和社会发展第14个五年规划和2035年远景目标的建议[M].北京:人民出版社,2020.

[72]中共中央关于进一步全面深化改革推进中国式现代化的决定[M].北京:人民出版社,2024.

[73]逄先知,金冲及主编.毛泽东传(1949—1976)(上)[M].北京:中央文献出版社,2003.

[74]冷溶,汪作玲主编.邓小平年谱(1975—1997)(下)[M].北京:中央文献出版社,2004.

[75]王爱云.中国共产党百年扶贫的理论与实践[M].北京:人民出版社,2022.

[76]吴易风.论政治经济学或经济学的研究对象[J].中国社会科学,1997(2).

[77]葛扬.马克思所有制理论中国化的发展与创新[J].当代经济研究,2016(10).

[78]吴宣恭.马克思主义所有制理论是政治经济学分析的基础[J].马克思主义研究,2013(7).

[79]张宇.中国特色社会主义政治经济学[M].北京:中国人民大学出版社,2016.

[80]洪银兴.兼顾公平与效率的收入分配制度改革40年[J].经济学动态,2018(4).

[81]李东来主编.市民学堂[M].广州:广东人民出版社,2007.

[82]马齐彬,陈文斌.中国共产党执政四十年(1949—1989)[M].北京:中共党史资料出版社,1989.

[83]许人俊.家庭联产承包责任制在争论中艰难推进——中央五个农村一号文件出台前后[J].党史博览,2008(12).

[84]张卓元,胡家勇,等.论中国所有制改革[M].南京:江苏人民出版社,2001.

[85]刘隆主编.中国现阶段个体经济研究[M].北京:人民出版社,1986.

[86]许新三编著.邓小平共同富裕思想再解读[M].北京:经济科学出版社,2009.

[87]孙居涛,等.制度创新与共同富裕[M].北京:人民出版社,2007.

[88]陆铭,杨汝岱,等.大国经济学:面向长期、全局、多维的中国发展[M].上海:上海人民出版社,2023.

[89]魏众,王琼.按劳分配原则中国化的探索历程——经济思想史视角的分析[J].经济研究,2016,51(11).

[90]刘军,刘军胜.中国薪酬发展报告(2023)[M].北京:社会科学文献出版社.2023.

[91]韩雷,冯彤,刘长庚.共同富裕目标下劳动生产率与劳动报酬同步提高的实现——市场化改革抑或劳动保护?[J].财经研究,2023,49(1).

[92][美]迈斯纳.毛泽东的中国及后毛泽东的中国:人民共和国史[M].杜蒲,李玉玲,译.成都:四川人民出版社,1990.